빈딘성으로 가는 길

빈딘성으로
가는 길

전진성 지음

베트남전 참전용사들의 기억과 약속을 찾아서

책세상

1972년 6월 2일 베트남 빈딘성
미히엡사에서 전사한 박순유朴淳攸 중령과
이루지 못한 꿈을 남기고 떠난 모든 파월장병들께 바칩
니다.

빈딘성은 우리를 애달프게 부르지만

아무리 달려가도

결코 도달할 수 없는 세상의 이름이다.

차례

여는 글 — 아픈 과거로 떠나는 여행

정의될 수 있는 것이란 역사를 갖지 않는 것뿐이다.

|

프리드리히 니체 Friedrich Nietzsche,

『도덕의 계보 Zur Genealogie der Moral』 (1887)

빈딘Bình Định성은 베트남 중남부 해안에 자리 잡은 8개 성省 중의 하나다. 빈딘은 한자로 쓰면 평정平定이다. 그 이름 값을 하는 것인지 이 지역은 옛적부터 군사적 충돌이 잦았다. 유서 깊은 참파왕국의 도읍지로 흥망성쇠를 거듭했으며, 18세기 말에는 이곳을 본거지로 떠이선Tây Sơn 가문이 농민 봉기를 일으켜 자신의 왕조를 건립했다가 단 24년 만에 응우옌Nguyên 왕조에 의해 '평정'되었다. 폭풍처럼 휘몰아치다 사라진 떠이선 왕조, 한자로 서산西山 왕조의 배후에는 풍부한 재정적 기반과 굳건한 요새를 제공해주었던 항구 꾸이년Quy Nhơn이 자리 잡고 있었다. 꾸이년은 한자로 귀인歸仁인데, 중국 고전에서 따온 '천하귀인天下歸仁', 즉 어진 세상이 돌아온다는 뜻이 담겨 있다. 모진 역사가 낳은 바람이었을까?

1965년 10월 22일 저 멀리 한반도를 떠나온 맹호부대가 꾸이년항에 도착했다. 다음 날 비가 쏟아지는 가운데 병사들이 상륙했다. 그리고 곧 세상에 어둠이 깔렸다. 옛 왕조 이름을 그대로 지닌 떠이선현에 속한 한적한 농촌인 빈안Binh An 사가 맹호부대에 의해 말 그대로 '평정'되었다. 1966년 1월 23일에서 2월 26일까지 맹호부대 3개 중대에 의해 한국군 최대의 민간인학살이 자행되었다. 이 지역 총 15개 지점에서 1,000명이 넘는 사람들이 학살된 것으로 알려져 있다. 거의 모든 가옥이 불태워지고 가축이 도륙되고 양식이 사라졌다. 전쟁이 끝나고 돌아온 마을 주민들은 더 이상 '평안平安'을 뜻하는 '빈안'이라는 명칭을 사용할 수 없었다. 그 대안으로 채택된 '떠어빈Tây Vinh', 즉 '서편의 번영西榮'이라는 다소 통속적인 지명은 서산조의 본거지였던 이 지역의 새로운 미래를 기약한다.

2016년 2월 26일 '빈안 학살' 50주년을 기리는 위령제가 이곳에서 거행되었다. 한국에서 온 평화기행단 노화욱 단장이 위령제에 참석해 베트남인들에게 사죄하는 큰절을 올렸다. 예기치 않은 참회의 예에 현지의 반응은 뜨거웠다. 한국 땅을 찾아와 기꺼이 무릎을 꿇고 용서를 비는 일본인을 상상해본다면 베트남 사람들의 심정을 미루어 짐작할 수 있으리라. 이 행사 한 달 전인 1월 16일자 「한겨레」에는 "소녀상 친구, 베트남 피에타"라는 인상적인 제목의 기사가 실렸다. 서울 종로구 주한 일본대사관 맞은편에 세워진 〈평화의 소녀상〉을 만든 김서경, 김운성 부부 조각가의 작품 〈베트남 피에타〉에 대한 기사이다. 1966년 12월 베트남 꽝응아이Quảng Ngãi성 빈호아Bình Hòa 마을에서 자행된 학살에 착안한 베트남 피에타는 한국인의 입장에서 베트남인들에게 사과하고 희생자의 넋을 위로하는 동상이다. 미켈란젤로Michelangelo Buona-rroti의 〈피에타〉가 아들 예수의 시신을 십자가에서 내려 부둥켜안고 탄식하는 성모의 모습을 담고 있듯이, 〈베트남 피에타〉는 만물을 보듬는 대지의 여신 위에 한 어머니가 학살된 아기를 품는 형상을 띠고 있다. 이 작품의 베트남어 제목은 '마지막 자장가'이다. 〈베트남 피에타〉는 〈평화의 소녀상〉과 마찬가지로 국가폭력에 의해 무고하게 희생된 생명들을 형상화했다. 타민족 때문에 우리 민족이 겪은 고통과 우리에 의해 피해 입은 타민족의 고통은 서로 다른 것이 아니다. 「한겨레」 기사는 이러한 내용에 걸맞게 일본군 위안부 피해자 할머니들에 관한 소식도 덧붙이고 있다. 할머니들이 전시戰時 성폭력 피해자를 돕는 '나비기금'을 설립해 한국 파월군에 의한 성폭력 피해여성 사례를 조사 및 지원한다는 소식이다.

〈베트남 피에타〉는 2017년 4월 26일, 해군기지 건설로 몸살을 앓은 제주 강정마을에 자리를 잡았다. 「한겨레」 '왜냐면'란에는 "'베트남 피에타' 동상 제막에 부쳐"라는 축사가 실렸는데, 그 필자는 한국군의 베트남 민간인학살 문제를 국내에 처음으로 제기한 바 있으며 이를 공론화하려는 취지로 동상 제막 한 해 전에 발족된 한베평화재단의 상임이사 구수정이다. 그는 동상 제막의 의미를 '평화'에서 찾았다. 한국의 소녀상과 짝을 이루는 〈베트남 피에타〉가 평화의 섬 제주, 그것도 가장 애타게 평화를 갈구하는 강정에 세워진 것은 "슬픔이 다른 슬픔에게 묻는 안부가 평화"이기 때문이다. 억울하게 희생된 뭇 생명들이 서로의 아픔에 손을 건넴으로써 비로소 세계의 평화가 찾아들 수 있다는 것이다.

〈베트남 피에타〉는 우리에게 도덕적 책임을 환기시킨다. 우리를 가해한 일본에 대해서는 사죄를 요구하면서 우리가 가해한 베트남에 대해 침묵하는 것은 앞뒤가 맞지 않는다. 더구나 베트남은 우리와 마찬가지로 식민지의 아픔을 겪은 나라가 아닌가. 베트남에 진심으로 머리 숙여 사죄하지 않는 한, 우리는 아무리 삼일절에 만세를 목청껏 외치더라도 국제 사회로부터 진정성을 의심받을 수밖에 없다. 그런데 이러한 도덕적 요구는 지극히 정당하고 절실하며 심지어 때늦은 감마저 있건만, 그럼에도 어딘가 온전치 않다는 느낌을 준다. 무언가 중요한 것이 빠져 있다. 정녕 도덕적 책임을 물으려면 책임을 추궁하려는 대상이 대체 어떠한 존재인지도 함께 물어야 하지 않겠는가? 또한 그 책임을 추궁하는 주체가 대상과 서로 어떠한 관계인지도 해명이 필요하다.

과연 베트남 파병군은 제국 일본의 이른바 '황군'과 같은 수준의 가해자였는가? 이는 가해의 정도에 대한 물음이 아니라 가해자의 지위에 대한 물음이다. 파월장병들은 역사적 맥락, 국제정치적 서열, 사회경제적 위치 등 모든 면에서 전혀 강자에 속하지 못하는 사람들이었다. 그들은 가해자가 되기 훨씬 이전부터 이미 피해자의 위치에 내몰려 있었다. 가해자가 될 만한 자격과 권리를 얻는 것도 쉬운 일은 아니다. 이 점을 간과해서는 곤란하다. 모름지기 어떠한 차원에서 가해를 한 것인지가 분명해져야 그에 마땅한 사과를 할 수 있을 것 아닌가? 의미가 분명치 않은 사과는 앞뒤 없는 용서와 마찬가지로 형식적일 수밖에 없다.

이와 더불어 도덕적 책임추궁의 주체에 대해서도 되물을 필요가 있다. 과연 한국군의 베트남 민간인학살에 대한 책임을 묻는 것은 흔히 비쳐지듯이 양심세력과 진실을 막는 거짓세력 간의 한판 승부인가? 아니면 좌우 진영 간의 정치투쟁일까? 만약 그렇다면 판단이 쉬울 것이다. 그러나 도덕적이거나 이데올로기적인 접근은 사안의 핵심을 놓친다. 만약 민간인학살 문제를 제기한 '양심세력'이 가해자들을 오로지 심판의 대상으로, 즉 자신과는 실질적으로 무관한 존재로 여기면서 스스로를 피해자의 처지와 동일시하며 감상적 연민을 느낀다면, 그것은 문제를 드러내기보다는 오히려 은폐하는 것이다. 흔히 올바른 과거사 청산의 모범으로 간주되는 독일에서도 피해자와 가해자를 기억하는 문제는 여전히 논란거리다. 아우슈비츠를 방문한 대다수의 독일인은 희생당한 유대인들에 공감하지, 가해한 나치 전범들과 스스로를 동일시하지는 않는다. 물론 방문객들이 느끼는 도덕적 분노는 자연스럽고 바람직하지만, 은연중에 스스로를 면책시키면서 우리 세대는 다르다는 도덕적 우월감마저 부추길 우려가 있다. 심지어 사회주의 동독은 나치 수괴 히틀러Adolf Hitler를 '서독인'이라고 얼버무리지 않았던가.

도덕적으로는 황군과 대한민국 파월군의 차이는 없다. 어떤 종류의 가해라도, 그것이 타인에게 분명한 피해를 입힌 한, 정당화되어서는 안 된다. 그러나 역사적으로는 황군의 가해와 파월군의 가해는 전혀 같지 않다. 그것은 상이한 조건의 산물이다. 폭력 자체의 강도는 우열을 가릴 수 없더라도 폭력의 원인과 결과가 전혀 다르다. 폭력에 대한 기억의 양상도 전혀 다르다. 따라서 그에 대한 우리의 접근방식도 각각 달라야 한다.

우리는 여기서 도덕적 판단과 역사적 판단은 다르다는 점을 분명히 할 필요가 있다. 도덕적 판단은 늘 동일한 잣대로 보편적이고 엄격하게 행해야 옳지만, 역사적 판단은 각각의 대상을 저마다 다른 잣대로, 그 특수한 조건과 과정 속에서 이해하고자 한다. 이는 결코 불미스러운 과거를 상황논리로 변호하자는 것이 아니다. 이해한다는 것은 용서하는 것과 결코 동일하지 않다. 가해자의 처지를 이해하지 않을 때 오히려 '절대악'이라는 면죄부를 주게 된다. 가해자에 대한 도덕적 비판과 피해자에 대한 인류애적인 공감은 반드시 필요하지만 역사적 차원의 이해가 없이는 자칫 맥락을 벗어난 추상적 도덕률에 매몰되어 오히려 구체적 심판을 저해하고 그릇된 정치적 결론에 이를 수 있다.

우리가 어떤 대상에 역사적으로 접근한다는 것은 흔히 오해되듯 은폐된 사실을 폭로하는 데 주안점이 있지 않다. 그것은 오히려 저널리즘의 책무에 속한다. 사실fact과 진실truth은 다르다. 역사적 진실은 개개의 사실 속에 담겨 있지 않고 오히려 사실들의 이면에, 그 틈새에 도사리고 있다. 따라서 역사는 특정한 사태를 낳은 특수한 여건을 중시하는 만큼이나 저마다 상이한 기억의 의미를 다룬다. 가해자는 가해자대로, 피해자는 피해자대로 서로 다른 체험과 기억을 지니고 있으므로 그중 어느 한쪽을 선택하거나 배제하기보다는 서로간의 대화를 중재함으로써 비로소 각자의 편협한 관점을 극복할 수 있는 좀 더 포괄적이고 비판적인 사고가 시작될 수 있다. 역사란 편견을 거부할 수 있는 힘이다.

이 책은 한국사회에 한겨울 그림자처럼 길게 드리워진 베트남전의 기억을 피해자이자 가해자인 참전군인과 가족들의 입장에서 재조명해보려는 시도이다. 고단한 삶을 마친 전사자들에 대한 애도와 아직도 반공주의 폭력을 두둔하는 재향군인들에 대한 도덕적 비판 사이에서 이 책은 역사적 진실의 속삭임에 귀를 기울이고자 한다. 낯선 베트남 땅에서 파병군은 해방군이 아닌 만큼이나 점령군도 아니었다. 그저 주어진 역할에 충실했을 뿐이다. 베트남전에서 한국군의 실제적 권한이 어디까지였는지에 대한 세밀한 탐색은 해당 전문가들에게 맡겨두도록 하자. 그보다 훨씬 본질적인 문제는 전대미문의 가공할 학살에 직간접적으로 가담한 한국군이 처했던 역사적이자 사회적인, 그리고 실존적인 상황이다. 그것은 '자유세계 수호'라는 공식 이데올로기로도, 그렇다고 개개인의 사적인 '동기'로도 온전히 설명될 수 없는 역사적 수수께끼이다. 적어도 베트남에서 실제로 전투를 수행했던 군인들에게 있어서 전장의 체험과 기억은 무엇이라고 말끔히 정리될 수 있는 성질의 것이 아니다.

반복해서 말하건대, 역사적 진실의 탐색이란 사실 규명과는 다르다. 파월장병들 본인은 물론 고국에 남겨진 가족들에게도 전쟁에 대한 기억은 생생하게 경험된 사실의 영역이 아니라 떨칠 수 없는 악몽 그 자체였다. 아무리 그럴듯한 논리로 길들이려 한들 개개인의 악몽은 시간이 지날수록 더욱더 몽니를 부릴 뿐이다. 그것은 우리 사회가 함께 짊어지고 가야 할, 결코 회피해서는 안 될 무거운 짐이다. 섣부른 화해와 용서의 제스처로 해결될 사안이 아닌 것이다. 이 책은 상처받은 당사자들에게 역사적 진실로 다가서는 소로小路를 제시하고자 한다. 거창한 공식 역사와는 달리, 저마다의 뼈아픈 기억들을 불러내는 화두를 던짐으로써 그들이 기꺼이 말문을 열고 가슴속에 묻어둔 이야기를 세상에 전해주기를, 그럼으로써 비로소 자신의 상처를 어루만지면서 타인의 상처도 보듬는 계기가 되기를 바랄 뿐이다.

과거로 향하는 우리의 여행은 고 박순유 중령 가족의 이야기로부터 시작된다. 2004년 11월 가족 중 처음으로 따님 박숙경 씨가 베트남 빈딘성을 찾았다. 그 넓은 땅 어딘가에 아버지의 넋이 잠들어 있다는 생각에 초행길이지만 낯설지 않았다. 그리고 5년 후 드디어 운명의 장소를 찾아냈다. 이듬해에는 제사를 지내기 위해 가족이 방문했다. 역사적 부침이 워낙 심했던 곳, 악연으로 얽힌 그곳에서 과연 한국과 베트남 양측의 상처받은 이들은 서로의 아픔을 보듬고 원래의 '평안'을 되찾을 수 있을까?

1장

아버지의 흔적을 찾아서

각자가 마음속에 지니고 있는 고향집,
유년시절의 잃어버린 발자국들이 새겨져 있는
다시 찾은 오솔길,
몇 년의 방랑 끝에 자신의 섬으로 돌아온 율리시스.
귀환, 귀환, 위대한 귀환의 마술.

|

밀란 쿤데라Milan Kundera, 『향수L'ignorance』(2000)

어떤 곳을 기억한다는 것이 반드시 생생한 체험을 전제하지는 않는다. 경험이 너무 확실하고 구체적이라면 애써 기억할 필요가 없으므로 장소의 마력은 발휘되지 못한다. 우리에게 아련한 향수를 불러일으키는 장소란 대개는 흔적만이 남아 있는 곳이다. 실제로는 별다른 곳이 아닐 수도 있다. 대단치도 않은 흔적이 문득 우리의 발길을 멈추게 하고 과거의 빗장을 열어젖힌다. 갑작스레 특정한 장소가 광채를 발하며 운명의 힘으로 다가온다. 그곳은 유년기의 저녁노을, 첫사랑, 전우의 죽음처럼 경험과 환영의 경계선에 놓인 장소이거나, 아니면 생전 처음 밟아보는 낯선 땅, 심지어는 한 번도 가본 적 없는 꿈속의 장면일 수도 있다. 행복의 전령 혹은 죽음의 사신이 손짓하며 그곳으로 우리를 유혹할 때 우리는 귀환을 꿈꾼다. 삶이라는 머나먼 여정으로부터의 귀환.

베트남전 전사자 박순유 중령

여기 한 가족이 있다. 부산에 거주하는 박숙경 씨와 그 가족은 베트남전에서 아버지이자 남편인 고 박순유 중령을 잃었다. 이 유족에게 빈딘성은 한 번도 가보지 못한 애절한 '기억의 장소'였다. 2004년 겨울로 들어가는 문턱에 숙경 씨는 마침내 그 낯선 땅에 '귀환'했다. 그 피할 수 없는 운명의 장소에 피붙이가 찾아온 것이다. 다섯 살배기 딸이 마흔이 다 되어 아버지 곁을 찾았다. 실로 장소의 마력이란 우리를 휘감고 있는 운명을 단번에 온몸으로 체감하게 하는 데 있다. 어슴푸레한 어린 시절, 비어 있던 아버지의 자리, 끈질기게 이어진 운명이 갑자기 그곳에서 선명하게 모습을 드러냈다. 아마도 마을 성황당이 질병을 치유하는 신통력을 발휘하는 것도 동일한 이치이리라. 한 그릇 떠 놓은 정화수에 아낙네의 한이 복받쳐 흘러내리다가 어느덧 물 위에 달빛이 어린다. 오랜 고통의 의미를 깨우치는 순간, 바람결에 실린 사자死者의 음성이 여태껏 지켜지지 못한 약속들을 환기시킨다. 곧 다시 만나자는 약속, 결코 잊지 않겠다는 약속, 앞으로 행복하게 살자는 약속. 결국 장소를 기억한다는 것은 그곳에 간직된 약속을 기억하는 것이다.

고 박순유 중령은 1972년 6월 2일 빈딘성에서 전사한 것으로 유족에게 통지되었다. 그는 맹호부대 소속의 정보·통역 장교였다. 추후에 확인한 군의 '장교자력표'에 따르면, 파월 군사정보부대 맹호부대 공작대 공작대장으로 근무하던 그는 적이 부근에 모여들어 기습공격을 노리고 있다는 첩보를 받고 출동했다가 오전 10시 35분경 매복해 있던 적의 B40 발사기 사격으로 전사했다.

1926년 경상남도 거창 출생으로 외아들이었던 그는 평생 역사의 현장에서 살았다. 그가 태어난 거창군 신원면 덕산리는 거창양민학살이 벌어진 현장으로 동네에서 박씨만 살아남았다고 한다. 많은 급우들이 좌익활동에 참여했으나, 그는 동조하지 않고 중학교 영어교사로 근무하다가 보병학교에 입학했다. 이후 육군첩보부대 소속으로 최전선에서 비밀임무를 수행했다. 그는 대단히 정열적인 기질의 소유자로 늘 유머감각이 넘쳤다고 한다. 베트남에 도착한 지 얼마 되지 않은 1971년 12월 3일자 편지에서 박순유 중령은 한국에 두고 온 어린 자식들에게 이렇게 훈계했다.

오늘은 월남 그림엽서를 몇 장 보내니 동생들과 사이좋게 보기를 바란다. 월남 풍경사진이니 보고 배워라. 월남사람들은 형제간에는 절대로 싸우지 않고 어린 아해들은 욕을 통 안 하는 착한 아해들이란다. 너희들도 좋은 말 고운 말을 쓰도록 해야 한다. 이만 쓴다.

　이 편지는 마치 안락한 여행지에서 보낸 것처럼 느껴진다. 베트남 사람들에 대한 적개심이나 경멸은커녕 인간적 호감과 존경심마저 느껴진다. 죽음의 그림자라고는 전혀 찾아볼 수 없는 훈훈한 말은 곧 귀국해서 가족과 더불어 밝은 삶을 이루어갈 것을 은연중에 약속하고 있다. 그는 어차피 전투병도 아니었다. 잠시의 여행지 같은 그곳에 뼈를 묻게 되리라고는 그 자신을 포함해 주변의 그 누구도 상상할 수 없었다.

　참으로 허망한 죽음이었다. 베트남 도착 후 반년 만에 예정에 없던 정찰을 나갔다가 변을 당한 것이다. 수상한 적들이 모여 있다는 첩보를 받았을 때 하필 정찰 임무를 수행할 부하가 자리를 비운 상태였고 본디 뒤를 사릴 줄 모르는 성격이던 그는 다른 두 명의 부하와 함께 지프차에 올라탔다. 현장으로 가던 길에 그는 적의 급습을 받아 즉사했다. 겨우 서른여덟 살인 젊은 아내와 4남 2녀의 어린 자식들을 남겨두고 그렇게 허망하게 세상을 떠났다. 외아들의 전사 소식에 충격을 받은 노모는 식음을 전폐하다가 뇌진탕으로 운명했다.

　그날 부하가 제자리에 있었다면, 혹은 그 상황에서 적당히 이유를 대며 조금만 꾀를 부렸다면 불의의 죽음을 당하지 않았을 것이다. 어차피 이미 끝나가는 전쟁이었다. 그럭저럭

몇 달만 버텼다면 사랑하는 가족과 재회할 수 있었다.

　물론 박순유 중령의 사망은 그리 예외적인 편도 아니었다. 더 안타까운 경우가 얼마든지 많았다. 실로 많은 장병들이 귀국을 불과 며칠 앞두고 전사했다. 이는 모든 장병을 위협하는 징크스로 작용했다. 참으로 어이없지 않은가? '어이없다'는 표현은 고인에 대한 모독이 될지도 모른다. 그러나 안타깝게도 전장에서 맞이한 죽음 중 상당 부분은 의외로 어이없는 죽음이다. 전혀 죽을 이유가 없는 사람들의 죽음인 것이다. '전사'로 기록된 많은 경우가 실은 안전사고로 인한 죽음이었다는 사실을 공식적 전사戰史는 감추고 있다. 일촉즉발의 전장에서 어떤 일이라고 가능하지 않겠는가? 심지어 오랜만에 김치와 고추장 통조림 선물이 도착했다는 소식에 기뻐하며 헬리콥터 이착륙장으로 뛰어가다가 베트콩 저격수의 표적이 되어 운명을 달리한 병사도 있었다. 망연자실한 전우들은 그 자리에 고추장과 김치를 함께 묻어주었다고 한다.

　과연 이 참담한 희극은 누구의 탓으로 돌려야 하나? 저마다의 소중한 희망과 약속들이 낯선 운명의 장소에서 그렇게 덧없이 잠들어버렸다. 누군가 찾아와 일깨워줄 것을 한없이 기다리며.

맹호부대

....

　멀고 낯선 베트남에 대한민국 육군 최고의 전통을 지닌 맹호부대를 파병하기로 결정한 것은 놀라운 일이었다. 1964년 8월 초 미국은 남중국해 통킹만에서 본국 전함이 공격당한 석연치 않은 사건을 빌미로 북베트남, 즉 월맹에 폭격을 개시했다. 이듬해 미국은 베트남 군사개입의 명분을 확보하기 위해 25개 우방국에 참전을 요청했지만, 미국의 비호를 받으며 신세를 지던 나라들 중 유엔마저 개입하기를 꺼린 명분 없는 전쟁에 발 벗고 나서려는 '혈맹'은 그리 많지 않았다. 대한민국을 포함하여 겨우 7개국만이 미국을 돕기 위해 파병했는데, 1만 1,000명을 보낸 태국과 7,000명을 보낸 오스트레일리아를 제외하면 대체로 소대에서 대대급의 작은 규모였으며 그나마도 대부분 포병대와 공병대 등 비전투부대였다. 이에 비하면 연인원 32만 명에 달하는 군대를 파병해 전투병 5만여 명을 상주시키고 미군보다 더 늦게까지 현지에 남아서 1973년 1월 27일 휴전협정이 맺어진 후에도 외국군 철수 기한의 최종시점까지 버텼던 한국군은 누가 보더라도 미국의 가장 충직한 혈맹이었다. 1973년 3월 23일에 118명의 마지막 주둔군이 철수할 때까지 장장 8년여 동안 베트남 땅에서 한국군은 맡은 바 이상의 역할을 수행했다. 물론 베트남인들의 시각은 판이하게 달랐다. 그들은 너무도 당연하게 이 전쟁을 '항미구국전쟁'이라 부르며, '남조선 군대'를 미국의 '용병'으로 보았다. 마치 용병들에게 '너희들은 대체 뭐야'라고 눈살을 찌푸리는 듯이.

한국군 전투부대의 파병은 형식적으로는 남베트남 정부의 요청을 한국 정부가 받아들이는 모양새를 취했으나 그것이 미국의 요구에 따른 것임을 모르는 사람은 아무도 없었다. 사실상 베트남전은 미국이 시작한 전쟁이었고 지상군 투입이나 철수, 병력 증강 등 모든 것을 미국이 알아서 결정하고 남베트남 정부에 통보하는 식이었다. 따라서 한국군 파병만 예외일 수는 없었다.

어쨌든 대한민국은 건국 이래 최초로 해외파병의 기회를 얻었다. 1964년 9월 말에 의료지원단과 태권도 교관 등 수백 명의 비전투부대를 남베트남의 수도 사이공Sài Gòn(현재의 호찌민Hô Chi Minh) 남쪽 붕따우Vũng Tàu에 파견한 것을 시작으로, 정확히 1년 후인 1965년 9월 말 주월 한국군사령부를 창설하면서 파병은 본격화되었다. 육군 소속의 수도사단인 맹호부대와 제2해병여단인 청룡부대, 그리고 추가 파병된 제9보병사단인 백마부대 등 3개 사단급 전투부대를 위시하여 총 8개 부대를 통합·지휘하는 주월 한국군총사령부가 사이공에 자리를 잡았으며, 월맹과의 접전지역이던 베트남 중부에 전투부대를 파견했다. '따이한' 군대는 용병으로 치부하기에는 그 규모와 비중이 너무나 크고 막강했다.

맹호부대는 원래 수도 서울을 방어하기 위한 부대였다. 1948년 6월 20일에 수도경비사령부라는 명칭으로 창설되었으며 대한민국 국군 최초의 사단이라는 전통을 자랑했다. 한국전쟁이 발발하고 단 3일 만에 수도 서울이 함락되자 남쪽으로 후퇴하면서 수도사단으로 개칭하고 방어선을 구축하는 데 큰 공을 세웠다. 그로부터 정확히 15년 후 수도사단은 국방부에 의해 파월전투부대로 지명되었다. 1연대, 26연대, 기갑연대 등 증강된 1개 사단으로 재편성되면서 맹호부대라는 멋진 이름을 얻게 되었고, 비전투부대인 군사원조단 비둘기부대의 파병에 뒤이은 전투부대 파병의 제1진으로 베트남 땅에 발을 들여놓았다. 초대 사단장이자 주월 한국군사령관인 채명신 소장의 지휘하에 1965년 10월 23일 베트남 중부 빈딘성의 성도 꾸이년항에 상륙해 인근 지역에 주둔한 맹호부대는 미 해병 제7연대로부터 1,200제곱킬로미터의 광대한 전술책임지역을 인계받았다.

맹호부대가 맡은 지역은 남북으로 길게 이어진 베트남의 국토를 잇는 대동맥 같은 도로, 한국으로 치자면 경부고속도로 격인 1번 국도와 중부 베트남을 가로지르는 19번 국도, 즉 꾸이년에서 안케An Khê 고개를 지나 캄보디아 국경으로 이어지는 전략 도로가 교차하는 지점이었다. 빈딘성 대부분과 푸옌Phu Yên성 북단까지 포함되는 이 민감한 지역에 펼쳐진 비옥한 평야 및 구릉지대를 사수하는 일이야말로 맹호부대에 맡겨진 임무였다. 미군도 힘이 부쳐 한국군에 떠넘겼을 만큼 까다롭고 위험한 임무였다. 특히 빈딘성 떠이선현은 꾸이년에서 안케 고개를 지나 이른바 '호찌민 루트'로 가는 길목에 있었기에 이곳을 월맹에게 빼앗기지 않도록 맹호부대 전체 병력의 절반에 달하는 기갑연대를 배치했다. 물론 쭐라이Chu Lai와 호이안Hôi An 등 좀 더 북쪽 지역으로 이동해가면서 늘 적진 깊숙이 파고들어 싸우던 해병여단 청룡부대에 비하면 상대적으로 덜 위험했다고 할 수도 있겠으나 전황이 점점 월맹에 유리하게 전개될수록 위험성은 배가되었다. 대한민국 파월군에게 책임이 맡겨진 중부 베트남은 베트남전의 승패를 가르는 최전선이었다.

맹호 용사들이 이처럼 위험천만한 전장에 오게 된 것은 대체로 자의반 타의반이었다. 군은 처음에는 지원자를 모집했으나 반응이 시원치 않자 금전적 이득을 부각하며 지원을 독려했다. 1965년 맹호와 청룡부대의 3차 파병 그리고 이듬해 백마부대의 4차 파병 때는 부대 단위로 차출이 이루어졌다. 맹호부대는 다른 부대에 비해서는 자원병의 비중이 높은 편이었지만 내용을 들여다보면 피치 못할 사정에 의해 전쟁터로 내몰린 측면이 없지 않았다. 보릿고개가 있던 시절 삶의 출구를 찾지 못한 가난한 농민의 자식들이 가족을 위해 나 한 몸 희생한다는 생각으로 무작정 전쟁에 자원했다. 당시 3년이나 요구되던 가혹하고 진절머리 나는 병역을 벗어날 별다른 방도가 없었기에 젊음의 객기로 전쟁에 자원한 경우가 많았다. 복무기간이 1년으로 훨씬 짧고 한밑천 장만할 수도 있을 것 같은 전장은 꽤나 매력적으로 보였다. 꼭두새벽부터 밤늦게까지 온갖 일에 시달리면서 툭하면 보안대나 헌병대에 불려 가 얻어맞고 정해진 의례처럼 일명 '줄빠따'를 맞거나 아예 처음부터 끝까지 기합만 받는 유격훈련을 견딜 바에야 차라리 영화 속 장면 같은 전쟁터에 나가 멋지게 싸우리라, 살아 돌아온다면 장밋빛 미래가 펼쳐지리라 기대되었다.

베트남전에 자원한 맹호 용사는 강원도 홍천에서 1개월간 적응 훈련을 받은 후 춘천에서 특별군용열차를 타고 서울을 경유해 부산항으로 이동했다. 미국 수송선에 올라 수평선을 향해 기약 없이 질주하게 될 때까지 병사들은 가는 길마다 국민들의 열렬한 환송을 받았다. 지휘관의 군홧발에 걸어채던 애송이 병사가 베트남에 닿기도 전에 이미 역전의 용사로 거듭난 듯했다. 그러나 어설픈 위용은 전장의 현실과는 심히 동떨어진 것이었다. 베트남은 아예 다른 행성이었다. 끝도 없는 바다와 멈추지 않는 구토로 인해 정신이 혼미해져서 승선 초기에 엄습했던 애환과 불안이 완전히 잊힐 때쯤 저 멀리 육지의 모습이 눈에 들어왔다. 생전 처음 접하는 남국의 풍경이었다. 꾸이년 외항에 다가서자 낯선 곳이 주는 원초적인 공포가 엄습했다. 파병 전투부대 제1진으로 항구에 상륙한 맹호 용사들은 간단한 신고절차를 마친 후 짙어가는 안개와 퍼붓는 빗발 속에 진흙으로 뒤범벅이 된 길을 완전군장한 채로 걸어 숙영지로 이동했다. 목적지에 이르고 나서도 병사들은 섭씨 40도가 넘는 숨 막히는 열기 속에서 천막 등의 시설물을 단위부대별로 시급히 구축해야 했다. 하룻밤 사이에 전장의 한가운데 들어선 병사들의 착잡한 심정은 이루 헤아릴 수 없었다.

그러나 날이 밝자 전혀 색다른 풍경이 펼쳐졌다. 밝은 햇살 아래 드러난 베트남의 농촌은 드넓고 풍요로웠다. 1960년대의 빈한한 한국 농촌과는 비할 수 없는 풍경이었다. 산야에는 먹을 것이 사시사철 넘쳐나고 남북으로 끝없이 이어지는 기나긴 해안선과 1년 4모작까지 가능한 델타 곡창지대들이 펼쳐진 월남 땅은 전쟁터라고는 도저히 믿기지 않을 정도였다. 월남 파병을 극구 반대하던 야당대표 박순천 민중당 총재가 현지방문 첫날에 눈과 마음이 완전히 사로잡혀 파병 찬미론자로 돌변하기에 이르렀던 바로 그 천혜의 자연이었다.

예상치 못한 자연의 풍요로움은 병사들에게 난생처음 해

외에 나왔다는 사실을 실감하게 해주었으나 그들은 이곳에
휴양을 온 것이 아니었다. 풍요한 자연은 오히려 병사들에게
는 불가항력적인 장벽으로 다가왔다. 인도차이나반도를 따
라 남북으로 길게 뻗은 베트남의 동쪽은 바다이고 서쪽 내륙
은 험준한 산악지대이다. 공산주의 게릴라, 일명 '베트콩'들
은 이 산악지대를 거점으로 활동했다. 빈딘성은 특히 동쪽
의 해안가와 남쪽 저지대, 그리고 일부 평야지대를 제외하면
산악과 구릉이 대부분을 차지해 조금도 안심할 수 없는 지역
이었다. 열대수목에 둘러싸여 여기저기 흩어져 있는 촌락들
과 거미줄처럼 연결된 크고 작은 강들이 효율적인 군사작전
을 방해했다. 유속이 빠르고 넓은 하천은 특히 7월부터 11월
까지 이어지는 우기에는 병사들을 참으로 짜증나게 했다. 진
지와 교통호를 매일같이 보수해야 했고 습기 찬 탄약을 벙커
속에 말려야 했을 뿐 아니라, 흠뻑 젖은 작업복과 군화를 그
대로 착용하고 수색과 매복 근무에 나서는 일은 그야말로 병
사들의 인내심을 시험하는 듯했다. 그러나 그 정도 일은 번거
로울 뿐 차라리 안락한 편에 속했다. 하늘이 보이지 않을 정
도로 아름드리나무가 빽빽이 우거진 밀림은 한국군에게는 공
포 그 자체였다. 밀림에 투입된 수색중대는 첨병이 앞장서고
그 뒤를 일렬횡대로 따르는 게 상례인데, 각 병사마다 약 5미
터에서 10미터 정도 거리를 유지하고 좌우를 사수 경계하면

수색작전 중의 맹호부대 용사들(노주원 제공)

서 목표지역으로 이동해야 하기에 극도로 신경을 곤두세우지 않을 수 없었다. 한 치 앞을 가늠하기 힘든 밀림 속에서는 대체 자신이 어디쯤 있는지 감을 잡을 수 없으니, 연대에 급하게 무전을 쳐서 자신의 위치를 알려달라고 호소하는 수색대가 허다했다.

전장의 현실은 병사 개개인을 하찮게 만들었다. 무전기를 통해 흘러나오는 절박한 상황 보고와 귀청을 때리는 폭음, 무장헬기나 B-52 중형 폭격기의 악마적인 굉음이 가엾은 병사들을 널뛰게 만들었다. 작가 안정효는 장편소설『하얀 전

쟁』에서 베트남 전장의 모습을 마치 영화 속 한 장면처럼 묘
사했다.

> 용문산 골짜기 땡볕 속의 유격훈련, 부산으로 향하던 시
> 커먼 야간 군용열차, 한주일 동안의 불안한 항해, 냐짱 바
> 닷가의 서늘한 바람과 흐느적거리는 야자수, 죽음의 계곡,
> 24고지에서 목격한 한낮의 나른한 죽음, 야간 포격과 조
> 명탄, 산 속의 더위를 머금은 온갖 열대식물, X자로 두 타
> 래의 탄약피를 가슴에 두르고 숲속을 뒤지던 병사들, 깡
> 통 맥주 한 상자를 주고 사단 치료실에서 받은 포경수술,
> 필사적인 닝화 전투, 혼헤오 산의 포탄 구덩이, 겁먹은 베
> 트콩 포로의 퀭한 눈, 헬리콥터의 퍽퍽퍽퍽거리는 엔진
> 소리와 먼지바람에 날리는 풀잎들, 새벽에 공수되던 병사
> 들의 침묵, 두런두런 내리는 부슬비 속에서 발갛게 피어
> 오르다가 다시 꺼지는 담뱃불, 순서도 논리도 없이 서로
> 다투듯 바쁘게 망막을 스치는 장면들(안정효 2014, 39쪽).

이 작품은 곧 정지영 감독에 의해 영화화되었는데, 배우
안성기와 이경영의 열연으로 원작이 그려낸 전장의 부조리
를 잘 살렸다는 평가를 받았다. 베트남 참전용사들이 맞닥뜨
린 전장의 현실은 영웅적인 기개를 떨치는 것을 허락하지 않

왔다. 안정효 작가의 표현에 따르면, 병사들은 "그들에게 죽음이 덮치기 전에 적을 먼저 찾아야 하는 추격" 외에는 별 대단한 용무가 없었다. 베트남전은 묘하게도 뚜렷한 전선이 없고 후방도 없는 전쟁이었다. 어차피 비대칭적인 군사력을 조건으로 시작되어 정규전보다는 '마을전쟁'의 성격이 강했던 이 전쟁은 마치 유령처럼 출몰하는 게릴라들로 인해 극도의 이전투구를 연출했다. 한시도 편할 틈 없이 늘 머리끝을 쭈뼛 세워야 하는 참으로 히스테리적인 전쟁이었다. 잠잠하던 마을로부터 갑자기 박격포가 날아오거나, 이른바 '세이파' 부대로 불리던 기습침투 공격대가 한밤에 팬티 한 장 덜렁 걸친 채 겹겹이 둘러친 아군 철조망을 포복으로 침투했다. 군사시설이나 도로의 파괴, 그리고 태업도 빈번했다. 남베트남의 주민들은 기본적으로 외국군에 대해 냉랭한 태도를 보였는데, 오랜 식민통치에 시달려온 민족으로서는 어쩌면 당연한 처사였다. 흔히 줄여서 'VC'라고 부르던 베트콩이 그 생김새나 행태에 있어 마을 주민과 어떻게 다른지는 그들과 말도 통하지 않는 한국군으로서는 도저히 알 길이 없었다. 적대감은 공포에서 오고 공포는 무지에서 오는 법이다.

파월 장병들에게 처절한 전투에 못지않게 고통스러웠던 것이 막연한 기다림이었다. 대부분의 작전은 헬리콥터로 이동해 밀림을 누비고 정처 없이 기다리는 시간들로 구성되었는데, 적은 보이지 않고 늘 신경만 곤두서게 했다. 청룡부대원으로 참전했던 소설가 황석영의 표현에 따르면, "적들은 바다 위에 떠 있는 작은 점들일 뿐"이었다. 밤을 지새우며 매복 근무하는 병사들은 흔히 줄에 매달린 깡통을 연락수단으로 사용했다. 베트콩의 발소리에 귀 기울이다가 옆에서 깡통 소리가 두 번 나면 '이상 무', 계속되면 '이상 유'였다. 그야말로 장님 코끼리 더듬는 식이었다. 맹호부대 기갑연대 소속의 모 병사는 야간 매복 중 지척에서 꿈틀대는 물체를 보고 집중사격을 가했는데, 날이 밝고 확인해보니 길이가 5미터에 달하는 커다란 비단구렁이였다.

정규전보다 훨씬 힘들고 맥이 빠지는 이와 같은 전쟁에서 보이지 않는 적은 도처에 있었다. '딱콩' 하는 AK소총 소리가 오랜 적막을 깨는 순간에는 예외 없이 한 명의 전우가 쓰러졌다. 그 방향을 가늠할 수 없는 총알은 딱 한 발만 날아왔다. 베트콩의 전투 방식이 그러했다. 수많은 장병들의 생명을 앗아간 고립무원의 밀림에서는 하루에 2킬로미터를 진출하기도 여간 힘든 일이 아니었다. 가시덤불을 헤치며 한 발 한 발 조심스럽게 내딛는 병사들에게 그 악명 높은 부비트랩과 더불어 바늘처럼 솟은 독창을 박아놓은 함정이 기다리고 있었다. 이름 모를 짐승들의 울부짖음에 시달리는 밤 시간은 특히나 가혹했다. 베트콩만이 위험한 것이 아니었다. 취침용

천막을 치면서 전갈이나 뱀, 불개미가 접근하지 못하도록 독한 모기약을 땅에 뿌리고 얼굴과 손에도 발랐다. 그나마 장교는 졸병들이 바람을 불어넣어준 고무 베드 위에 판초 우의와 모포를 깔고 누울 수 있었지만 일반 병사들은 축축한 땅에 우의와 모포만 깔고 잤다. 밀림의 모기는 모포 세 겹을 뚫고 들어올 정도로 강력했다. 가끔은 독성을 지닌 전갈이 정글화 속에 소리 없이 들어와 생명을 위협했기에, 천막에서 취침한 후에는 반드시 정글화를 털어 전갈이 없는지 확인하고 나서 신어야 했다. 전갈에 발이 물리면 운이 좋은 경우에도 발톱까지 없어지는 악성 무좀을 평생 안고 살아야 했다. 밤낮을 가리지 않고 달려드는 적들 중에는 하도 피를 빨아 몸통이 굵은 지렁이만큼 부푼 거머리가 있었다. 거머리는 나무에 붙어 있다가 사람이 지나갈 때 옮겨 붙는데, 심지어 전투복을 뚫고 들어올 정도로 독종이었고 한 번 붙고 나면 흡착력이 대단해서 담뱃불로 지지기 전에는 절대로 떨어지지 않았다. 그 밖에 물소, 원숭이, 도마뱀, 개구리, 가시나무, 습진, 말라리아 등 주변의 모든 것이 병사들을 위협했다.

그러나 그 무엇보다도 가장 힘든 것은 목마름이었다. 늦가을부터 초봄까지 이어지는 건기에는 정말 죽을 지경이었다. 밀림 속에는 식수가 없다. 베트콩이 물에 독을 풀었을 수도 있다. 이글거리는 태양과 뜨거운 바람의 유린 속에 수통의 물은 금방 바닥이 나고 미군이 지급한 야전식량인 C-레이션의 달짝지근한 주스는 오히려 갈증을 더 부추길 뿐이다. 헬리콥터의 물 공수를 목이 빠지도록 기다리지만 기약이 없다. 침조차 말라버린 입 안은 타들어가고 눈이 뒤집힌다. 새벽에 수통이나 철모 위에 맺힌 이슬방울이 보이면 혀로 핥고, 죽은 대나무를 잘라 고인 물을 먹고, 심지어 타버린 듯 빨간색으로 나오는 소변을 철모에 받아 커피를 타 마시기까지 했다. 물론 소변이 대부분 땀으로 배출되어 그마저도 부족했기에 목에 걸고 있던 수건을 짜서 땀방울로 입을 적시는 데 만족해야 했다. 이때 부상을 입어 피를 흘리게 되면 정말 대책이 없었다. 출혈이 심한 부상병은 더욱 심한 갈증을 느끼지만 물을 주어서는 안 된다. 물을 먹은 만큼 피를 흘리기 때문이다. 겨우 입술만 적셔주어야 하는데 이는 부상병에게는 고문에 가까웠다. 체력과 인내심이 강한 병사들도 물 부족으로 인한 심한 체취와 사타구니의 습진으로 거의 미칠 지경이었다. 그들은 체질에 받지 않는 C-레이션의 고기를 씹으면서 그나마 갈증 속의 허기를 달랬다.

　　그러나 이같이 극심한 여건 속에서도 파월 장병들은 꿋꿋이 싸웠다. 수천 번의 대대급 이상 작전과 수십만 번의 소규모 작전을 감당해냈다. 맹호 용사들이 즐겨 부르던 군가 〈맹호들은 간다〉의 위용은 결코 허세가 아니었다.

자유통일 위해서 조국을 지키시다

조국의 이름으로 님들은 뽑혔으니

그 이름 맹호부대 맹호부대 용사들아

가시는 곳 월남 땅 하늘은 멀더라도

한결같은 겨레마음 님의 뒤를 따르리라

한결같은 겨레마음 님의 뒤를 따르리라

안케패스 전투

맹호부대 용사들의 한결같은 애국심과 승리를 향한 불굴의 의지는 전쟁 막바지까지 빛을 발했다. 베트남전에서 한국 파월군이 치른 사실상의 마지막 전투이자 가장 치열하고 희생자가 많았던 '안케패스 전투'는 한국 전쟁사에서 결코 잊힐 수 없는 대역전극을 기록했다. 이미 승기를 잡은 월맹 정규군은 1972년에 들어 춘계 대공세를 펼치면서 파죽지세로 밀고 내려왔고 맹호부대가 철통같이 방어하던 중부 고원지대의 안케 고개를 맞닥뜨리게 되었다. 꾸이년 서북방 55킬로미터 지점에 위치한, 총 7.5킬로미터에 달하는 안케 고개는 맹호부대가 베트남 중부를 가로지르는 19번 도로를 통제하기 위한 군사적 요충지로 삼고 있었다. 1972년 4월 11일 월맹 정규군의 최정예 부대인 제3사단 제12연대가 기습하자 맹호부대는 이를 단순한 베트콩의 약탈공격으로 오판한 나머지 중대급 수색작전으로 대응하다가 적의 매복에 걸려 고립되는 최악의 상황을 맞이했다. 이후 맹호부대 기갑연대의 모든 중대가 총투입되어 꼬박 2주일간 적과 아군의 거리가 불과 20~30미터 간격까지 좁혀지는 대혈전을 벌인 끝에 월맹군의 지휘부가 있던 638고지를 접수하고 19번 도로를 탈환하는 데 성공했다.

안케패스 전투의 빛나는 승리는 맹호 용사들의 피의 대가로 얻어낸 기적이었다. 늘 안개가 자욱한 그곳에서 병력도 탄환도 부족한 고립무원의 처지에, 설상가상으로 우기에는 그토록 흔하다는 비가 한 방울도 내리지 않는 악조건 속에서 173명의 전사자와 400여 명의 크고 작은 전상자들의 희생을 치르고 얻어낸 너무도 값비싼 승리였다. 1연대 8중대를 이끌고 638고지를 향해 앞장서 공격하다 월맹군이 정조준하여 쏜 AK소총 탄환을 머리에 맞고 전사한 김용강 대위, 늘 묵묵히 솔선수범하던 수색중대 3소대 선임하사로서 M72 대전차 로켓포를 여러 발 적의 벙커에 명중시켰으나 결국 적의 사격에 양다리와 양팔 그리고 한쪽 눈을 잃은 정창화 중사, 왼쪽 주머니에 항상 성경책을 넣고 다니던 독실한 그리스도교 신자로서 혼자 적의 벙커 5개를 폭파시킨 후 적의 공용화기

B-40을 맞고 전사한 제1기갑연대 제2중대 제3소대장 임동춘 중위 같은 영웅들은 불굴의 맹호 용사의 전형이었다.

안케패스 전투에서의 승리는 월맹의 남하를 저지하는 데 확실히 기여했다. 그러나 아쉽게도 빛나는 승전보가 전세를 뒤집을 수는 없었다. 유리한 고지를 탈환했다고는 하나 이미 끝나가는 전쟁이었다. 안케패스 전투는 철군을 서두르던 미군에 약간의 시간을 벌어주는 것 이상의 큰 의미는 사실상 없었다. 미군은 일찍이 1969년 7월부터 점차적으로 병력을 철수시켰고 1972년 중엽에 이르면 한국군의 남은 병력이 미국의 지상군 규모를 능가했다. 오스트레일리아군, 뉴질랜드군, 태국군은 1971년 말까지 철군을 완료했고, 한국군도 1972년 4월 초에 청룡부대를 주축으로 하는 제1진이 이미 철수한 상태였다. 그렇다면 맹호 용사들은 과연 무엇을 위해 그토록 많은 피를 흘렸다는 말인가? 휴전회담에서 미국에 유리한 조건을 만들어주기 위해, 정작 미군은 공중폭격만 하는데 한국군이 대신 지상에서 목숨을 내걸고 싸웠단 말인가?

우리가 지난 전투를 제대로 평가하자면, 과연 무엇을 가장 중요한 기준으로 삼아야 할까? 군인으로서의 자세와 무공은 분명 주요한 기준이다. 극단적인 상황일수록 한 인간의 면모가 여과 없이 드러나는 법이다. 어떠한 상황에서도 꾀를 부리는 사람과 우직한 사람은 있게 마련이다. 월남 가는 준비훈런 중에 부하가 잘못 던진 수류탄을 품에 안고 폭사한 강재구 소령 정도의 의인은 아니더라도, 자기 몸보다 부상당한 전우를 먼저 챙기던 의로운 병사들이 있었던 데 반해, 큰 부상이 아닌데도 상처 부위를 일부러 압박붕대로 크게 묶어 후송대열에 끼는 이들도 있었다. 물론 사병보다 더 앞서서 공격하다 전사한 용감한 장교들이 있는가 하면, 부하의 희생보다 자신의 전과戰果를 더 중시한 비정한 지휘관들도 적지 않았을 것이다. 심지어 모두가 죽음의 순서를 기다리던 아우슈비츠 수용소에서조차 그깟 빵 한 조각 더 얻고자 잔재주를 부리는 수형자들이 있음에 유대인 작가 프리모 레비Primo Michele Levi는 개탄하지 않았던가.

사람의 품성은 다양하기에 개인마다 헌신의 정도는 결코 같지 않았을 것이다. 물론 비겁한 일탈도 없지 않았을 것이다. 그러나 그 이유로 맹호부대 전체의 명예를 훼손해서는 안 된다. 아무리 어려운 상황 속에서도 맹호 용사들은 서로 힘을 합쳐 멸사봉공의 자세로 싸웠다. 이 점은 의심할 여지가 없다. 그렇지만 만약 전쟁의 전망이나 정당성 그 자체가 의심스럽다면 어찌할 것인가? 전쟁이 대의를 상실하고 패색이 짙어지는데도 개별 전투에서의 헌신을 부추기는 일이 과연 옳았다고 할 수 있나? 더군다나 이러한 사안을 전투를 이끄는 지휘관이 아니라 일반 사병의 입장에서 보면 어떨까?

인류학자 김현경의 견해에 따르면, 현대전에서 병사는 사람이 아니라 총알이나 포탄과 같은 소모품일 뿐이다. 병사가 되는 순간 개인은 인격과 더불어 시민으로서의 정당한 권리를 박탈당한다. 사실상 군인은 적에 의해 죽임을 당하기 전에 이미 자기편에 의해서 언제든지 죽을 수 있는 존재다. 자신의 생사여탈권을 상관이 쥐고 있기에 언제든지 사지로 투입될 수 있는 그들은 어쩌면 작전계획상으로는 벌써부터 죽어 있는 존재인지도 모른다. 공식적으로는 그들에게 명예가 부여되지만 전장의 현실은 전혀 딴판이다. 오직 승리를 위해 반인륜적 범죄도 불사해야 하는 현대적 총력전에서 전투의 유일한 목표는 상대방의 목숨을 빼앗는 것뿐이다. 이때 병사들은 인간의 얼굴을 상실한 존재, 기껏해야 벌거벗은 생명에 지나지 않는다. "그들은 명예를 위해 싸우는 대신 생존을 위해 싸운다. 왜냐하면 그들은 잃어버릴 명예 따위를 갖고 있지 않기 때문이다"(김현경 2015, 44쪽).

베트남 민족의 고난과 한국군

확고한 군인정신과 우방을 위해 한 치의 양보도 없이 안케패스 작전에서 피 흘리며 유명을 달리한 전우들의 명복을 빌며 이젠 살아남은 우리의 사명은 안케 전투에서 얻은 교훈으로 조국의 평화와 자유를 지키며 세계평화에 기여하는 자랑스러운 백의민족이 되는 길이다(김영두 2011, 248쪽).

안케패스 전투의 선봉에서 싸웠던 불굴의 용사 김영두는 저서 『안케패스 대혈전』에서 빛나는 무공을 세운 군인으로서의 명예와 자부심을 역력히 드러냈다. 그 피비린내 나는 전투의 가치와 전쟁의 대의에 대한 일말의 의구심도 찾아볼 수 없다. 과연 이러한 식의 일방적인 사명감은 확고한 신념으로 높이 살 만한가? 그것은 수많은 병사의 희생을 대하는 올바른 태도인가? 안케패스 전투의 빛나는 승리가 무색하게도, 그 후 단 1년 안에 휴전이 이루어지고 파월군이 모두 철수했으며 정확히 3년 후에는 남베트남공화국이 패망했다. 전투는 이겼지만 전쟁에서는 진 것이다. 우리는 잘 싸웠는데 월남군이 제 나라를 지키지 못했다고 탓하면 될 일인가?

전황에 대한 판단을 넘어 이 전쟁 자체의 성격을 논하게 되면 일방적인 사명감을 유지하기는 더욱 힘들어진다. 파월 한국군을 늘 혼란스럽게 한 것은 대체 이곳에서 누구와 싸우고 있는지가 불분명하다는 점이었다. 어차피 적은 눈에 잘 띄지 않았고 주변의 모든 것이 의심스러웠다. 현지인들은 자기 나라를 도우러 온 외국군을 별로 달가워하지 않았다. 그들은 베트콩과 한패처럼 보였으며 많은 경우 실제로 그랬다. 대한 민국의 베트남전 참전이 지닌 근본적인 모순은 아군과 적이 바라보는 전쟁이 전혀 달랐다는 데 있다. 희한하게도 서로 다른 전쟁을 그토록 치열하게 수행하고 있었던 셈이다.

베트남은 한반도처럼 이민족의 억압을 받아온 곳이다. 한반도보다 훨씬 오랜 세월 동안 베트남은 식민지의 설움을 겪어왔다. 수천 년간 중국으로부터 시달린 역사와 더불어 100년간의 프랑스 식민통치와 3년간의 일본 점령기, 그리고 프랑스의 재침략을 겪은 베트남 민족의 역사는 학교에서 배운 우리 역사와 흡사하다. 이 가련한 민족이 자신을 넘보는 외세를 순차적으로 몰아내는 과정은 우리로 치면 마치 독립군이 일본군을 무찌른 것마냥 통쾌한 측면이 있다. 1954년 여름 제네바에서 베트남과 프랑스 간에 대등하게 맺어진 평화협정은 그 유명한 디엔비엔푸Điên Biên Phu 전투의 빛나는 승리에 따른 것이었다. 현대 화기로 중무장한 프랑스군이 이 민족에 대한 적개심 하나로 무장한 베트남 인민군 앞에 무릎을 꿇었다. 베트남 북부가 완전히 해방되고 프랑스군은 북위 17도선의 남쪽으로 철수했으며 2년 안에 남북이 총선거를 실시해 통일정부를 수립하기로 합의했다. 그러나 제국의 옛 영광을 그리워하는 프랑스가 한낱 식민지 원주민들과의 약속을 지킬 리 만무했다. 제국의 부역자들이 세운 남베트남 정부는 프랑스에서 직수입한 단두대를 내세워 통일세력을 무자비하게 탄압했다. 그리고 새로운 질서의 수호자로 드디어 미국이 등장했다.

베트남 인민의 입장에서 볼 때, 항미구국전쟁은 오랜 식민지해방투쟁의 전통을 잇는 일종의 성전聖戰이었다. 완전한 주권을 지닌 통일 국민국가로 가는 기나긴 역사의 클라이맥스에 해당했다. 세계사적 일대전환기인 1945년부터 사이공이 함락된 1975년까지 30년간 베트남 민족이 겪은 일련의 전쟁은 해방과 통일이라는 목표로 수렴되었고 마침내 달성되었다. 사실상 대부분의 베트남 인민들에게 남북 간의 체제 경쟁은 전혀 무의미한 것이었다. 일제의 패망과 함께 전국적으로 일어난 봉기에 힘입어 단 보름 만에 탄생한 사회주의 국가 베트남민주공화국은 단지 베트남의 절반이 아니라 역사적 정통성을 지니는 유일한 베트남 국가였다. 왜 대한민국은 가난한 식민지 피지배자의 처지를 벗어나려는 동병상련의 처지인 민족에게 총부리를 겨누었던 것일까?

1946년 6월 프랑스가 남부 베트남에 코친차이나 자치정부를 수립하면서 시작된 베트남의 민족분단은 프랑스가 다시 1949년 3월에 해외 망명중이던 옛 베트남 황제 바오다이Bao

Đại를 불러들여 괴뢰국인 베트남국을 수립하면서 더욱 심화되었다. 이후 프랑스가 디엔비엔푸에서 호찌민이 이끄는 베트남민주공화국에 참패하고 물러나면서 그 자리를 대신해 등장한 미국은 프랑스의 괴뢰국을 해체시키고 열렬한 반공주의자 응오딘지엠Ngô Đình Diệm을 수반으로 내세운 베트남공화국을 수립해 남북 간 대치국면을 조성했다. 새로운 패권자인 미국은 제네바 평화협정에서 베트남과 프랑스가 합의했던 남북 총선거를 통한 베트남 통일국가의 수립을 아예 없던 일처럼 무시해버리고는 공산주의 세력 척결만을 전면에 내세웠다. 그리하여 베트남의 남쪽 절반은 다시금 비탄의 땅이 되었다. 바오다이에서 응오딘지엠으로, 친불 정권에서 친미 정권으로 주인만 바뀌었을 뿐 식민지적 억압과 불의는 계속되었다.

미국이 베트남의 진로에 개입하여 전쟁까지 치르면서 내세운 유일한 명분은 공산주의 확장을 저지한다는 것이었다. 중국이 공산화된 마당에 베트남마저 공산화되면 캄보디아와 라오스 등 동남아 전체가 손쉽게 공산주의 진영으로 넘어갈 것이라는 소위 '도미노 이론'이야말로 미국의 모든 군사개입을 정당화하는 근거였다. 대한민국의 파병도 베트남이 적화되면 한반도가 자동적으로 위험해진다는 단순논리를 내세웠다. 그러나 베트남전이 종식되자마자 곧바로 베트남과 중공 간에 군사적 충돌이 빚어졌던 사례가 입증해주듯이, 베트남 통일은 공산주의의 확장보다는 외세의 축출과 주권 쟁취에 주안점이 있었다. 따라서 심지어 미국의 동맹국들마저 이처럼 명분 없는 군사개입에 동참하기를 꺼린 것은 그다지 이상한 일이 아니었다. 전 세계인에게 미디어로 중계되는 미중유의 전쟁에 대해 미국의 동맹들 대부분은 그저 구경꾼으로 관전평만 내놓았다.

물론 베트남전에 자유진영과 공산진영 간의 대립이라는 국제적 냉전의 성격이 없었던 것은 아니다. 미·소 간의 양극 대치를 근간으로 중국 대륙의 공산화, 베를린 봉쇄, 한국전쟁 등 전 지구적 차원의 갈등이 분출하고 있었다. 또한 베트남 내부적으로 보아도, 이 전쟁은 적어도 형식적으로는 한반도처럼 남북 간의 체제 대결이었다. 그러나 냉전은 결코 역사적 무중력지대에서 벌이는 순수한 이념전쟁은 아니었다. 그것은 옛 유럽식 제국주의 체제와의 완전한 단절을 의미하지는 않았다. 유럽 열강으로부터 식민통치의 유산을 고스란히 승계한 미국이 새로 개발된 핵무기의 공포를 기반으로 새로운 세력판도를 짠 것이 바로 으스스한 냉전체제였다. 늦어도 1947년 3월 '트루먼 독트린'의 천명 이후 미국은 자신의 패권에 저항하는 모든 세력을 싸잡아 공산주의자로 낙인찍고 죽음의 공포를 조장했다. 공산주의라는 적은 현재의 이슬람근본주의와 마찬가지로 미국의 패권을 정당화하기 위해 반드시 필요했다. 한반도에서처럼 베트남에서도 친미와 반미세력의 대립은 자유진영과 공산진영 간의 대립 양상으로 전개되었으나 이러한 표면적인 양상이 대를 이은 식민지 부역세력과 민족해방투사들 간의 대결이라는 본연의 모습을 감출 수는 없었다.

프랑스제국의 주구였던 바오다이 '황제'에서 미국의 하수인이던 응오딘지엠 대통령으로, 이후 유혈 쿠데타로 집권한 군부 출신의 응우옌반티에우Nguyên Văn Thiêu 대통령까지 이어지는 남베트남의 지배세력은 부정과 부패, 무능으로 일관했다. 북베트남에서는 호찌민의 토지개혁이 시행착오에도 불구하고 대중적 지지를 얻어갔던 데 반해, 북위 17도선 이남에서는 봉건적 지주들과 기득권 관료들이 가렴주구에 여념이 없었다. 따라서 베트남인들의 전반적인 민심이 남북 중 어느 쪽을 선호했을지는 짐작하기 어렵지 않다. 베트남에서 남북 간 대결은 결코 일반적으로 말하는 체제 대결이 아니었다. 정확히 말하자면 베트남전쟁은 흔히 '베트콩'으로 불리던 남베트남민족해방전선이 북베트남의 조력을 받으며 외세 및 그 부역자들과 싸운 통일전쟁이었다. 대한민국의 파병은 대체 누구를 돕기 위함이었나?

남북한이 정면대결을 펼친 한국전쟁과는 달리, 북베트남은 베트남전에서 주역이 아니었다. 베트남 분단선인 17도선

이남의 민족해방투사들이야말로 진정한 주인공이었다. 그들은 이미 태평양전쟁 때 일본군과 싸우면서부터 게릴라전에 길들었다고 한다. 그들은 제네바 평화협정의 불이행을 문제 삼으며 민족해방전선의 기치 아래 모였고, 캄보디아와 라오스를 거치는 공급선인 이른바 '호찌민 루트'를 구축하여 남북 간에 사람과 물자를 은밀히 이동시켰다. 해방전사들은 주민들 사이에 깊숙이 침투해 그들과 거의 하나가 되었다. 베트남전이 정규전의 모습을 띠게 된 것은 1970년대로 접어들어 전세가 확실히 기울게 된 다음이었다. 이렇게 볼 때 한국 파월군이 마을 주민과 베트콩을 구별할 수 없었던 것은 너무나 당연했다. 마을 주민 모두가 베트콩과 한통속은 아니더라도, 적어도 베트콩보다 따이한 군대를 선호할 확률은 매우 적었다. 미군은 마치 물과 물고기처럼 결속된 마을 주민과 베트콩을 떼어놓기 위해 물을 퍼내 물고기를 말려 죽이는 역공세를 취했는데, 이는 애초에 성공할 수 없는 패착이었다. 마치 영화 세트장 같은 이른바 '전략촌'을 서둘러 조성하여 주민을 강제 이주시키고 베트콩이 머물지 못하도록 마을을 불태워버리는 무리한 전략을 구사하여 남베트남 인민의 마음에 적대감만을 키워놓았다. 사실상 군 주둔지들만 제외하면 베트남 전국이 이미 적의 손에 넘어갔다고 해도 과언이 아니었다.

대한민국 파월군의 몸과 머리를 지배했던 반공주의 성전

전략촌 앞의 맹호부대 용사들(노주원 제공)

의 대의는 다수의 베트남인들을 사로잡았던 민족해방 및 통일 성전의 대의와 지나치게 어긋나 있었다. 베트남전은 냉전 시대에 식민지해방을 추구한 참으로 모순적이고 혼돈된 전쟁이었다. 1985년에 발간된 리영희 교수의 저서『베트남전쟁: 30년 베트남전쟁의 전개와 종결』이 선구적으로 제시했듯이, 베트남전은 상상할 수 있는 20세기의 모든 갈등요소가 뒤범벅이 되어 전개된 전쟁이었다. 낯선 베트남 땅에서 따이한 군대는 자유와 세계평화를 그럴듯하게 내세웠지만 실제로는 낙후된 식민지 피지배자, 황인종, 농업 민족을 적대시하며 그들의 영구적인 종속과 분단을 강요하는 선진적인 백인 지배자

의 편을 들었다. 가난한 나라에서 온, 스스로는 별 내세울 것
도 없던 병사들, 누런 얼굴을 한 농민의 아들이 자신들에게는
눈길도 주지 않을 우방을 위해 자신의 분신에게 총부리를 겨
누게 된 것은 과연 희극인가, 아니면 비극인가?

운명의 장소

숙경 씨는 육남매 중 다섯째, 둘째딸로 자랐다. 가족은
부산시 북구 덕촌동에 있는 어머니 친정에 들어가 살았다. 외
숙부와 외숙모가 아버지의 빈자리를 대신해주었고, 경제적으
로 넉넉지 못했지만 아버지가 하늘에서 흡족해할 만큼 화목
한 가정을 이루었다. 어머니가 생활고를 해결하느라 동분서
주하는 가운데 육남매가 늘 서로를 보듬어주고 살았다. 숙경
씨는 너무 어렸을 때 본 아버지의 모습을 기억하지 못했고 가
족의 비극에 대해 별로 의식하지 않고 자랐다. 가족의 사랑이
그만큼 깊었다.

2004년 11월에 베트남을 홀로 여행하게 된 것은 그저 우
연이었다. 젊음의 열정이 시들해지는 나이를 맞아 가슴속에
수북이 쌓인 먼지를 홀홀 털고자 낯선 땅을 향하게 되었다.
베트남은 낯설면서도 어딘가 끌리는 면이 있었다. 여행 중에

혹시 아버지가 지나쳤던 길을 밟아보게 될는지 막연한 기대를 하며 비행기에 올랐다. 처음 도착한 곳은 호찌민시였다. 사이공이라는 옛 이름으로 더 친숙한 이 도시의 거리를 느긋하게 거닐며 기억도 나지 않는 아버지 생각이 자꾸 떠올랐다. 호찌민 박물관에서 한국군의 베트남전 참전 장면을 다룬 사진들을 볼 때 더욱 그랬다. 호찌민시에 머무는 동안에 한국에서 연락처를 받아 온 한 유학생 숙소를 찾아갔다. 호찌민 대학에서 공부하며 한국사회에 베트남 민간인학살 문제를 처음으로 알린 구수정 씨였다. 그는 초면이었지만 매우 반갑게 맞아주었고 베트남에 대한 사전지식이 거의 없던 숙경 씨에게 맹호부대가 주둔했던 꾸이년을 꼭 한번 방문해보라고 권유했다. 그래서 예정에 없던 베트남 종단여행이 시작되었다.

베트남 남부의 대표적 휴양지인 냐짱Nha Trang에서 중부행 기차를 탔다. 꾸이년으로 가는 기차에서 호아 부인을 만난 것은 엄청난 행운이었다. 우연히 마주앉은 이 여인은 베트남전이 한창이던 여고생 시절 한 한국 군인을 사랑했노라고 말했다. 부모님의 반대로 결국 헤어졌지만 지금도 그리운 시절이라고 했다. 호찌민시에서 구수정 씨로부터 들은 베트남과 한국 간의 끔찍한 역사와는 전혀 다른 느낌을 주는 이야기였다. 한국 군인과 베트남 여성은 적대국 사람이 아니라 그냥 사람 대 사람으로 만났던 것이다. 베트남에서 전사한 아버지

이야기를 들은 호아 부인은 숙경 씨의 나이를 물어본 뒤 눈물을 글썽이며 "아버지와 헤어지기엔 너무 어렸다"며 손을 꼭 잡아주었다. 부인과 함께 내린 꾸이년역에는 부인의 아들 응우옌이 마중 나왔는데, 정중히 점심을 대접한 데 그치지 않고 꾸이년 일정이 끝난 후 꽝응아이성의 선미Sơn Mỹ 박물관까지 오토바이로 안내해주는 호의를 베풀었다. 응우옌은 함께 가던 중에 전쟁 당시 북베트남군과 남베트남군으로 선택을 달리한 숙부들을 회상했다. 북베트남군으로 싸운 삼촌을 더 존경하지만 남베트남군으로 싸운 삼촌 역시 사랑한다고 그는 말했다. 숙경 씨는 여러모로 놀랐다. 베트남 사람들로부터 배워야 한다는 아버지의 말씀은 하나도 틀린 것이 없었다.

꾸이년시에서 사흘을 보내면서 맹호부대의 흔적을 쫓아다녔다. 맹호부대 장교들이 묵었다는 호텔, 맹호부대가 세운 팔각정, 맹호부대가 지어서 사용하던 한 중학교 강당, 아버지가 보내온 사진 속에서 본 듯한 꾸이년 해변가의 야자수들… 그곳에서 숙경 씨는 마음 깊숙이 묻어둔 아버지의 이름을 자연스레 불러낼 수 있었다. 꾸이년 주변지역까지 원 없이 돌아다녔다. 곳곳의 위령비와 미군의 '밀라이Mỹ Lai 학살'을 유증하는 선미 박물관, 그리고 희대의 격전지인 안케 고개 등 베트남 중부지역 곳곳에 남아 있는 전쟁의 상흔들과 마주하며 숙경 씨의 마음속에서는 복잡한 감정이 요동쳤다. 그곳의 상

기차 안에서 우연히 만난 호아 부인(박숙경 제공)

처와 자신의 가족이 지닌 상처는 서로 무관한 것이 아니었다.
무언가가 잘못 얽혀 있었다. 찾아가는 길 곳곳마다 친절하게
맞아주던 베트남 사람들, 그들은 한국에서 온 참전군인의 딸
이라는 사실을 어떠한 거부감도 보이지 않고 그대로 받아들
여주었다. 현지에서 감히 말하기 힘든 사실을 스스럼없이 밝
힐 수 있었던 것은 그만큼 베트남 사람들이 환대해주었기 때
문이었다. 바로 이런 사람들에게 따이한 군대가 총부리를 겨
누었던 것이다. 만약 베트남과 한국 간의 악연에 대해 사전정
보가 많았더라면 아마도 이곳을 방문하기 힘들었을 것이다.
　숙경 씨는 개인 가이드를 고용해 함께 안케 고개를 오르

맹호부대가 세운 강당의 정초석 앞에 선 박숙경 씨(박숙경 제공)

면서 계속 아버지와 한국 군인들을 생각했다. 아버지는 '참전
군인'이라는 이름으로 이곳에 왔지만 정말로 사람을 죽이고
죄악을 저지르기 위해 왔던 것은 아닐 것이다. 전쟁의 공포
속에서 살인기계가 되어야 했던 참전군인들도 대부분 아버지
와 별반 다르지 않았을 것이다. 희한하게도 산길에 피어 있는
들꽃이 한국의 산길에서 흔히 볼 수 있는 풍경이었다. 총탄을
맞고 쓰러져 죽어가던 병사들은 고향에서 본 듯한 이 들꽃을
바라보며 마지막으로 어머니를 찾지 않았을까? 이 지역 어딘
가를 활보했을 부친의 흔적을 찾아다닌 시간은 이역만리 타

국에서 죽어간 수많은 파병용사들의 아픔을 떠올려보는 시간이기도 했다.

베트남 중부 전역에 아로새겨진 아픔의 흔적들에는 물론 숙경 씨 가족의 아픔도 서려 있다. 가족 중에서 아버지의 전사로 가장 큰 상처를 받은 사람은 당연히 어머니, 그리고 큰오빠와 언니였다. 어머니는 젊은 나이에 이 세상에서 가장 소중한 존재를 잃었고 오빠와 언니는 막 사춘기로 접어드는 나이에 가장 굳건한 버팀목을 잃었다. 어머니는 지나치리만큼 억척스러운 가장이 되었고 큰오빠는 극도로 내성적인 성격이 되었으며 언니는 어머니와 오빠의 모든 불평불만을 다 감당해야 하는 가족 내 최대 희생자가 되었다. 그렇지만 언니는 가톨릭 신앙으로 힘든 시기를 견뎌냈고 가족은 서로를 안쓰러워하며 화목을 유지할 수 있었다. 숙경 씨 가족은 전사자 유족으로서는 드물게 행복하고 성공적인 편이었다.

3주간의 베트남 여행을 마치고 귀국한 숙경 씨는 베트남과 한국 간의 얽힌 매듭을 풀고 싶다는 생각에 머리가 복잡했다. 좀 더 시간을 두고 방법을 찾아보기로 했다. 가족들이 모인 자리에서 가슴속에 묻어두었던 아버지 얘기를 오랜만에 꺼냈다. 서로 눈물을 닦아주며 아버지가 전사한 빈딘성에서 무언가 향후의 좋은 관계를 만들어갈 수 있는 일을 찾아보자는 데 의견을 모았다. 만 40세가 되던 2007년 봄에 숙경 씨와 가족은 한 가족이 부담하기에는 힘든 장기적 지원사업을 부산의 인권단체인 아시아평화인권연대에 제안했다. 많은 논의 끝에 유족의 아픔을 치유하는 것을 넘어 역사적 화해를 모색하는 차원에서 한국군이 주둔했고 민간인학살이 대거 발생했던 빈딘성에서 베트남 청소년들을 위한 장학사업을 시작하기로 했다. 우선 조촐한 규모로 '고 박순유 한-베평화장학기금'을 조성했다. 곧바로 그해 여름에 숙경 씨는 아시아평화인권연대 활동가들과 함께 현지를 방문해 그중 가장 어려운 마을 두 곳을 선택했다. 뚜이프억Tuy Phước현 프억호아Phước Hoa사 인민위원회의 전폭적인 지원 아래 이듬해부터 프억호아 중학교와 호아탕 중학교에서 가정형편이 어려운 학생들을 중심으로 장학생 40명을 선발하여 장학사업과 교육환경 개선을 위한 사업에 첫발을 떼었다. (아시아평화인권연대의 베트남 장학사업에 대해서는 5장 「사과와 용서」를 참조)

이후 베트남을 정기적으로 방문했지만 숙경 씨의 마음속에는 선결과제를 해결하지 못하고 있다는 안타까움이 날로 커져갔다. 아버지가 전사한 장소가 어딘지를 제대로 알지 못했다. 주월 한국군이 작성한 '장교자력표'의 매(화)장보고서를 보면 사망자 인적사항과 사망경위, 사망장소 등이 나와 있는데, 여기서 확인할 수 있는 사망지 관련 정보라고는 당시 아버지가 탄 지프차가 '프미Phù My현'으로 가던 중이었고 피격당한 곳의 지명이 '딴안3촌'이라는 것밖에 없었다. 현 단위인 '프미' 외에 딴안3촌이라는 마을 명칭은 베트남 전국 각지에 비슷한 이름이 수없이 많고 더구나 한글표기만으로는 성조를 쓰는 베트남어 명칭을 정확히 알 수 없기에 마치 모래사장에서 바늘 찾는 격이었다. 베트남 방문 때마다 동행하며 숙경 씨의 안타까운 마음을 헤아려주던 아시아평화인권연대 소속 활동가 정정수 씨와 늘 통역을 담당했던 베트남 출신의 이주민 활동가 보람쑤언 씨, 그리고 숙경 씨의 가족 이야기에 특별한 관심을 보였던 프억호아사 인민위원회 간부들의 적극적인 도움이 없었다면 아마도 아버지의 사망지를 찾는 것은 현실적으로 불가능했을 것이다.

2009년 11월 부산지역의 시민사회활동가들이 함께한 베트남 장학사업 방문단의 기본 일정이 마무리되자, 나머지 활동가들은 하노이로 떠나고 정정수 씨, 보람쑤언 씨, 그리고 건강사회를위한치과의사회 소속의 오형진 씨가 숙경 씨와 함께 빈딘성에 남아 이틀간의 휴식시간을 갖게 되었다. 이들은 휴식 대신 아버지의 사망지를 찾는 데 기꺼이 함께해주었다. 프억호아사 인민위원회의 응우옌반넘 부주석까지 적극 나서주었기에 무언가 될 것 같은 분위기였다. 머리를 맞대고 지도상으로 프미현 인근의 딴안이라는 지명을 물색하던 중에 오형진 씨가 한국에 있는 처남에게 전화를 걸어 구글 검색을 부탁했고 군의관인 처남은 장교자력표에 나와 있는 지명을 토대로 위도와 경도를 알아내어 이를 보람쑤언과 념 부주석에게 알려주면서 대략의 위치를 파악하게 되었다. 념 부주석은 추정되는 지역 인근에 친한 친구가 있다면서 그곳으로 일단 가보면 정확한 위치를 알 수 있을 것이라고 숙경 씨의 어깨를 두드려주었다. 다음 날 부주석 친구의 도움을 받아 결국 그곳이 프미현 미히엡My Hiệp사의 1번국도변이라는 사실을 알게 되었다. 이렇게 우여곡절을 거쳐 사망지는 알게 되었지만 념 부주석과 그의 친구의 도움이 없었다면 미히엡사 안으로 진입하는 것은 불가능했다. 베트남은 사회주의 국가다. 념 부주석의 친구와 함께 미히엡사의 인민위원회를 방문해 방문목적을 설명한 다음에야 겨우 숙경 씨 일행은 사망지에 가볼 수 있었다. 물론 현지 경찰인 '꽁안公安'의 안내를 받아서 가야 했는데, 그곳에 도착하고 보니 너무나 평범한 장소라 놀라웠다. 주로 농촌인 중부 베트남 어디에서나 볼 수 있는 짚더미가 즐비한 국도변이었다. 집과 골목, 논밭, 도로… 이렇게 평범한 곳도 전시에는 끔찍한 살육의 현장이 될 수 있다는 것을 실감할 수 있었다.

그곳에 다리가 하나 놓여 있었다. "다리 밑에서 매복해 있던 베트콩이 갑자기 들이닥쳐서 공격하는 바람에 한순간에 돌아가셨다"는 이야기가 불현듯 기억났다. 어머니와 베트남

박순유 중령의 사망지 주위에 놓여 있는 짚더미(박숙경 제공)

참전용사인 외숙부로부터 수없이 들은 이야기였다. 저게 바로 그 다리인가? 숙경 씨 일행은 당시를 생생히 기억하는 마을 사람을 예상치 않게 만나서 당시의 상황을 들을 수 있었다. 그들은 아버지가 박격포 공격을 받아서 아주 처참하게 돌아가셨다고 했다. 멀찍이서 지켜보던 꽁안이 자기도 기억난다고 거들었다. 적국의 장교를 사망에 이르게 한 큰 사건이었기 때문에 온 마을 사람들이 알았고, 자신은 심지어 현장에서 직접 목격했다는 것이었다. 당시에 그는 여덟 살 어린이였다고 했다. 베트콩들은 공격 후 사라졌고, 아직 목숨이 붙어 있

는 따이한 군인이 있어 마을 사람들이 그를 살리려고 응급조
치를 하려 했으나 새파랗게 젊은 그 군인은 자신은 곧 죽을
테니 놔두라고 말한 후에 금세 죽었다는 이야기를 전해주었
다. 아마도 평소에 아버지를 잘 따르다 제대 시점까지 미루었
다고 들은 바 있는 부하였던 것 같다.

　이듬해인 2010년 4월 6일 숙경 씨는 어머니, 큰오빠, 언
니, 가족의 친구, 그리고 어머니가 오랫동안 다니고 있는 운
수사의 주지스님과 함께 프미현 미히엡사 편안3촌의 1번국
도 앞에서 불교식 천도제를 지냈다. 평소에 믿고 존경해온 주
지스님이 직접 천도제를 봉행해준 덕분에 이제 여한이 없다
고 어머니는 말했다. 큰오빠는 아무 말 없이 국도변 길바닥에
차려진 제사상에 정성스레 술을 올렸다. 그날의 참석자들은
각자 무슨 생각을 했을까? 추모제는 조촐했지만 남부러울 게
없었다. 팔순을 넘긴 어머니는 몸이 따라만 준다면 한번 더
베트남에 오고 싶다고 했다. 이제는 남편 때문이 아니라 베트
남 사람들을 보고 싶을 거라고 했다. 베트남에서 시작한 장학
사업은 언뜻 한국 측에서 베트남을 돕는 듯 보이지만 실제로
숙경 씨와 가족들은 거꾸로 베트남 사람들로부터 도움과 위
로를 받았다.

　추모제를 마친 다음 날 안케 고개를 찾았을 때 그곳에서
매점을 운영하는 한 여성이 일행에게 보여줄 것이 있다고 했

다. 그것은 한국의 참전용사들이 안케패스 전투에서 산화해 간 전우들을 추모하러 와서 남기고 간 근조깃발이었다. 매점의 여성은 참전군인들이 한없이 눈물을 흘리는 것을 보고는 자신도 마음이 아팠다고 했다. 수많은 소중한 생명을 앗아간 전쟁, 사람과 사람 사이에 장벽을 세우고 서로 총부리를 겨누게 만든 그 악마의 농간이 과연 어디서 비롯된 것인지 숙경 씨는 스스로에게 끊임없이 되물었다.

2 장
—
피해자에서 가해자로

전쟁은 우리의 아버지이다.

그것은 참호의 작열하는 품속에서

우리를 새로운 종족으로 탄생시켰다.

|

에른스트 윙거Ernst Junger,

『모험에 들뜬 가슴Das abenteuerliche Herz』(1929)

대한민국 국군을 베트남에 파병하게 된 가장 큰 이유는 1949년 중화인민공화국의 건국 이래 동아시아를 엄습하던 공산주의의 망령을 차단하기 위함이었다고 알려져 있다. 동남아의 공산화를 막는 일이 우리의 안보와 직결되어있다는 판단은 국제적 냉전이 최고조에 달했던 1960년대에는 매우 자연스러웠다. 냉전이 무엇이던가. 전 세계가 자유세계와 공산주의세계로 양극화되었던, 좀 더 구체적으로 말하자면 친미와 반미의 두 패로 나뉘어 극도의 신경전을 펼치던 얼음같이 차디찬 전쟁이다. 그런데 과연 전쟁이 차가울 수도 있는가? 냉전冷戰이라는 형용모순적인 단어는 이 전쟁이 기존의 전쟁과는 근본적으로 다른 것임을 암시한다.

　　인류 역사상 이루 헤아릴 수 없이 수많은 갈등과 전쟁이 있었다. 대개는 적대적인 양편으로 나뉘어 싸웠지만 세력관계는 늘 복잡했고 적의 적을 우군으로 끌어들여 순식간에 전황을 뒤집는 '외교적' 돌파력의 여지는 상존했다. 1870~1871년 프로이센-프랑스전쟁(보불전쟁) 때 독일 통일을 막으려는 프랑스제국을 프로이센왕국이 단숨에 제압할 수 있었던 데는 덴마크와 오스트리아를 사전에 힘으로 눌러버리고 대영제국과 러시아제국의 협조 내지는 묵인을 이끌어낸 재상 비스마르크Otto Eduard Leopold von Bismarck의 정치력이 중요한 역할을 했다. 이와는 반대로, 통일된 독일제국이 제1차 세계대전에서 끝내 패배한 것은 주변국 전체를 적으로 연합하도록 만들었기 때문이었다. 독일제국 황제 빌헬름 2세는 옛 프로이센의 군사이론가 클라우제비츠Karl Clausewitz의 교훈을 망각했던 것 같다. 전쟁은 정치의 연장이라는 교훈. 순전히 군사적이기만 한 전쟁이란 없다는 점에서 모든 전쟁은 한없이 뜨거운 동시에 극도로 냉정한 계산이 작동하기 마련이다.

그렇지만 냉전은 클라우제비츠의 잘 알려진 교훈을 뒤집는다. 이제 정치 자체가 오히려 전쟁의 연장이 된다. 더 이상 외교적 이합집산은 허용되지 않으며 오로지 절대적 이념을 수호하기 위한 사생결단만이 정치의 유일한 목표이자 과정이 된다. 따라서 냉전의 세계에는 자유와 억압, 혹은 진보와 반동 간의 극한적 대결만이 존재하며 그 밖의 지역적 사안이나 역사적 맥락은 가치를 잃는다. 친미와 반미 사이의 어중간한 입지는 그저 이념에 대한 배신일 뿐이다. 선을 택하지 않으면 곧 악을 택하는 것이다! 이처럼 극단적인 이분법에 기초한다는 점에서 냉전은 옛 종교전쟁을 닮았다. 더구나 냉전은 실제 전투보다는 간담을 서늘하게 하는 핵무기의 위력에 의해 미리부터 결판나 있다는 점에서 그리스도교의 묵시록과 유사한 구조를 지닌다. 전쟁에 의해 초래될 세계적 규모의 파국과 원수의 절멸이라는 냉혹한 전망 속에 최종적 승리의 행로가 예고되는 것이다. 과연 그 누가 마치 최후의 심판과도 같은 이 필연적 도정에 맞서랴.

기존의 전쟁들과는 확연하게 구별되는 냉전의 고유한 본질은 프랜시스 포드 코폴라Francis Ford Coppola 감독의 영화 〈지옥의 묵시록Apocalypse Now〉에서 전쟁에 환멸을 느끼고 탈영한 후 캄보디아의 밀림 속에 자신의 왕국을 건설한 한 미군 대령의 입을 통해 폭로된다. 대령 역의 배우 말론 브랜도는 침울하고도 냉소적인 말투로 중얼거린다. "공포와 도덕적 테러는 당신 친구들이야. 벗이 안 되면 무서운 적이 되지. 그들이야말로 진정한 적수라네."

이 땅의 냉전

죽음의 공포와 독선적 도덕관에 바탕을 둔 냉전의 꺼림칙한 묵시록이 아직까지도 우리를 사로잡고 있다. 동구권 사회주의 체제가 와해된 지도 벌써 수십 년이 흘렀건만 우리는 여전히 '빨갱이' 세력의 절멸과 제한 없는 자본증식의 유토피아를 꿈꾸는 사회에서 살고 있다. 비록 친미적 자유세계의 최종승리는 북한 체제가 붕괴하거나 신자유주의적 무한경쟁의 적대자들이 이 지상에서 사라질 때까지 한없이 유예되고 있지만, 그 승리의 가능성에 대한 믿음까지 실종되지는 않았다. 여전히, 아니 더더욱 한국사회는 냉전의 열기로 한껏 달궈진 상태이다. 따지고 보면, 냉전은 전 지구적 현상이었지만 그렇다고 세계 어디에서나 동일하게 전개되었던 것은 아니다. 화력이 아닌 싸늘한 상상력을 매개로 싸우는 전쟁이라는 관념은 지나치게 서구세계의 경험에 의존하고 있다.

적어도 동아시아에서 냉전은 결코 차디찬 신경전만은 아니었다. 참전국만 양측에서 20개국에 달하고 무려 500만에 달하는 사상자가 발생했던 한국전쟁은 역사상 여느 전쟁에 뒤질세라 뜨거웠으며 베트남과 캄보디아, 인도네시아 등 동남아시아를 가로지른 내전의 열기 또한 그에 못지않았다. 따라서 그 후유증도 아주 처절하고 복잡하게 뒤얽히고 장기 지속적이었다. 대한민국의 경우 냉전을 거치면서 가장 선명한 친미국가의 대열에 들어섰으며 '혈맹'의 지위를 굳히기 위해 해외파병까지 마다하지 않았다. 이 땅에서 냉전은 처절한 '열전'의 형태로 전개되었으며 그 와중에 특유의 묵시록적 전망을 소진해버렸다. 한국전쟁이 결판을 못 본 채 장기적 휴전상태로 고착되었으며, 이른바 '반공 성전'이라던 베트남전 참전도 결국 허무한 패전으로 종결되었다. 완전한 파국과 원수의 절멸을 통한 최종 승리는 기약 없이 유예되었다.

비록 원대한 묵시록적 전망을 잃고 오로지 생존을 위한 친미 노선으로 축소되기는 했으나 냉전의 열기는 이 땅에서 새로운 불씨를 얻는다. '친북' 내지는 '종북'이라는 수식어를 남발하는 한국형 매카시즘이 바로 그것이다. 끝내 이루지 못한 최종 승리에 대한 열망이 적에 대한 증오심을 증폭시키고 더 나아가 적의 이념에 대한 전면적인 부정과 '도덕적 테러'로 이어진 것이다. 그러나 과연 적이 밉다고 해서 그들이 품은 이념까지 싸잡아 매도해도 되는 것일까? 사회주의, 보수주의, 자유주의 등 그 어떠한 정치적 이념이라도 더 나은 미래를 위한 모색임에는 예외가 없다. 우리는 북한 정권을 괴뢰도당으로 간주하고 미워할 수는 있겠으나 그렇다고 이 땅의 모든 좌익세력을 한통속으로 묶어 '종북'으로 매도하는 것은 실로 지나치다. 남북분단이라는 특수한 조건을 명분삼아 '빨갱이'에게는 어떠한 관용도 없다고 주장하는 것은 이제 곧 최후의 심판이 내려진다며 교회 기득권의 반대자들을 이단으로 몰아세웠던 중세 유럽인들의 히스테리와 다를 바 없다. 이 땅에서 냉전은 중세 말에 기승을 부리던 마녀사냥처럼 실추되어가는 이념의 권위를 세우고자 끊임없이 희생양을 찾는 형태로 지속되고 있다.

"요즘 젊은이들은 안 겪어봐서 모른다"는, 귀에 못이 박히도록 들어온 전쟁세대의 충고는 냉전의 마지막 단계를 나타낸다. 이제 이념은 거의 힘을 잃고 오로지 적대감만이 남은 것이다. 물론 노년층의 말에는 분명 귀 기울여 들을 대목이 있지만, "그렇기에 이 땅에서 빨갱이는 안 돼!"라는 결론에는 심각한 논리적 비약이 있다는 점을 그들 스스로도 인정해야 한다. A가 틀렸다는 주장으로부터 반드시 B가 옳다는 결론이 도출되지는 않는다. 북한 체제가 나쁘다고 해서 자동적으로 남한의 '수구 보수'가 정당화되는 것은 아니다. 어찌하여 북한 체제의 사악함이 인간의 존엄성을 중시하고 평등한 공동체를 추구하는 사회주의 이념에 대한 무조건적인 거부의 이유가 된다는 말인가? 인류의 오랜 고뇌로부터 비롯된 사회주의의 세계사적 유산이 다 새빨간 거짓말이란 말인가?

이처럼 북한에 대한 적대감으로부터 반공주의적 '자유세계'에 대한 신앙고백으로 훌쩍 건너뛰는 것은 표면적으로는 냉전 특유의 이분법적 사고에서 비롯된 듯 보이지만 그 저변에 좀 더 절실한 사정이 놓여 있다. 애써 건너뛴다는 것은 이편과 저편 사이에 어떤 빈 공간이 가로놓여 있음을 암시한다. 내려다보기에는 너무도 아득한 심연! 가능하면 빨리 지나쳐

버리고 싶을 만큼 헤아릴 수 없는 어둠이 선명한 반공의 논리 사이에 감추어져 있다.

우리가 아는 역사 지식을 동원해보자. 공산진영과 자유진영 간의 냉전이 시작되기 직전에 이 땅은 누가 지배하고 있었던가? 바로 제국 일본이다. 누구나 알다시피 한반도는 공식적으로 1910년부터 1945년까지 일제의 식민지였다. 어떤 국사 교과서든 펼쳐보면 이 시기 우리 민족의 '주적'은 분명히 일제였다. 마치 한 줌의 친일파를 제외하고는 모든 민족 구성원들이 일제와 적대적 관계에 놓여 있었던 것 같다. 그런데 일제가 물러가고는 갑자기 적이 바뀐다. 일본 순사들보다 몇 배는 더 악랄한 공산당 놈들이 우리 민족의 주적으로 등장한다. 그놈들은 우리 민족의 이익보다 사악한 공산주의 이념을 앞세우며 민족의 통일과 번영, 그리고 전통의 계승을 가로막는다는 점에서 친일파보다 훨씬 나쁘다는 것이다. 그런데 이러한 논리에는 큰 허점이 있다. 여기서 빠져 있는 것은 제국 일본 및 그 하수인들이라는 우익의 적과 공산당 및 그 추종자들이라는 좌익의 적이 과연 서로 어떻게 다른지, 아니면 같은지에 대한 해명이다.

이 두 세력의 적은 서로 간에도 적수인 것이 분명한데, 그럼 우리에게는 어느 쪽이 주적에 해당하는가? 핵미사일 날리는 김정은을 막으려면 신사참배하는 아베安倍晋三와 부득불 손을 잡아야 하나? 아니면 그 반대인가? 조국과 인민의 해방을 기치로 일제와 싸웠던 수많은 좌익 독립운동가들과 일제와 손을 잡고 이 땅의 산업발전에 기여했던 이른바 민족자본가들 중 어느 편이 더 정당했다고 봐야 하나? 양측이 다 나쁘다면, 우익 진영의 독립운동가들만이 옳았나? 그렇다면 왜 김구는 암살당하고 김창숙과 장준하는 재야로 밀려났으며, 오히려 일본군 장교 박정희가 조국 근대화의 주역이 되었는가? 아무리 빨갱이가 밉다고 해도 제 민족을 향해 총부리를 겨누었던 친일(부일)세력을 옹호해야 하나? 우리사회는 오래도록 이러한 불편한 질문을 건너뛰어왔다. 질문은 아예 금지되었다. 마치 승산 없는 장기판을 뒤집어엎으며 상대편을 사기꾼이라고 윽박지르듯이, 느닷없이 종북 논리를 앞세우며 말문을 막아왔다. 그러나 질문을 불허하는 선명함은 위장술일 뿐이다.

　광복 직후 이 땅을 엄습한 냉전은 식민지 과거를 손쉽게 덮어버렸다. 우리사회가 직시하기를 회피해온 역사적 심연 위에 반공주의의 철통같은 성벽이 쌓아올려졌다. 그렇다면 우리는 첫 단추부터 잘못 꿰어진 그릇된 길을 걸어온 것인가? 일제에 부역하던 악의 세력이 어느새 친미 반공주의로 옷을 갈아입고, 자주독립과 사회적 평등을 열망하던 민중의 함성을 억눌러버린 것일까? 확실히 냉전은 골이 깊은 식민지 과거의 문제를 다른 문제로 일거에 뒤바꿔버린 측면이 있다.

그러나 그것은 단순한 기만이 아니라 세계사적 흐름과 연관되어 있다.

제2차 세계대전과 더불어 옛 유럽 열강의 제국주의체제가 종식되면서 복잡했던 제국-식민지 관계가 미·소가 대립하는 단순한 양극 체제로 급격히 재편되는 와중에 신생 독립국들은 한쪽 대열에 줄을 서도록 강제되었다. 냉전체제는 비록 옛 제국주의 질서를 혁명적으로 변화시키지는 못했지만, 단순히 구체제의 연장선에 놓여 있지만은 않았다. 적어도 그것은 새로운 국제정치적 역학관계를 창조했다. 반공주의의 대열에 비집고 들어서는 한, 약소국도 세계사적 최종 승자의 입지를 확보하게 되는 것이다. 친미 자유진영의 부름은 대한민국 같은 신생 독립국에게는 거부할 수 없는 압력으로 다가왔을 뿐만 아니라 식민지 시절의 궁색한 처지를 벗어나 번영의 길로 나아갈 수 있는 기회도 제공했음이 분명하다. 따라서 친일=친미라는 등식은 논리적으로나 내용적으로 모두 성립하기 힘들다. 대한민국은 패망을 자초하던 남베트남과는 질적으로 달랐다.

그렇지만 어찌 뿌리 깊은 역사적 잔재가 쉽사리 일소될 수 있었겠는가. 다른 무엇보다도 유럽 및 일본 제국주의가 남긴 정신적 유산이 사람들의 뇌리에 박혀 냉전의 이분법으로 자연스럽게 이어졌다. 어쩌면 그것은 일제강점기 훨씬 이전부터 이 땅에서 눈덩이처럼 불어가던 욕망의 집적물이었을지도 모른다. 다들 알다시피 유럽 열강의 손길이 뻗치기 전에 이 땅은 '중화中華'라는 이름의 유서 깊은 평화공존의 질서에 편입되어 있었다. 성리학적 유교에 튼튼히 뿌리박은 중화세계를 무너뜨린 것은 유럽 열강의 군사적 침략뿐만 아니라 이에 힘입어 영향력을 행사하게 된, 지극히 유럽중심적인 함의를 지닌 문명과 야만의 이분법이었다. 그것은 중화세계의 일원들에게 정신적 공포와 충격을 주었다. 장구한 역사를 거치며 뿌리내려온 깊은 문화적 자존감이 송두리째 뽑히는 충격적 상황에 직면하자 남은 선택지는 별로 없었다. 대책 없이 옛 유산에 매달리거나 서구를 무조건 추종하는, 그야말로 최악과 차악 중의 양자택일이 요구되었다. 물론 결국 자의반 타의반으로 택할 수밖에 없는 것은 차악이었다. 서구문명, 그리고 서구 흉내를 먼저 내어 그 자리를 꿰어 찬 일본에 대한 좌절과 굴욕, 분노와 시기심이 어느덧 열세를 하루빨리 만회하려는 걷잡을 수 없는 욕망으로 역전되었고, 결국 식민지 백성들의 억눌린 내면에 오로지 자기만의 '성공'을 위한 착취와 억압, 그리고 폭력의 유전자를 심어놓았다. 문화사가 유선영은 이러한 정신적 유산을 '식민지 트라우마'라고 명명한다. 반세기에도 미치지 못하는 비교적 짧은 식민지 시절을 겪었으나 그 뼈저린 체험의 골은 깊었다.

광복과 더불어 찾아온 냉전체제는 과거에 대한 진지한 성찰의 기회를 원천적으로 차단하고 모든 문제를 공산주의 탓으로 돌렸다. 반공주의는 뼈저린 식민지 과거를 얼버무리며 딴청피우는 위선적 논리요, 적대감만을 앞세우며 사회 현실에 대한 진지한 이념적 성찰을 회피하는 비겁한 논리다. 이러한 논리를 내세워 권력을 획득한 군사독재정권은 오랜 적폐의 청산과 국민의 정신적 치유는커녕 아예 정반대 노선을 택했다. 일제강점기를 거치며 터질 듯이 팽창해온, 억눌린 욕망의 판도라 상자를 활짝 연 것이다. 이제 모든 것은 성공과 실패, 혹은 선진과 후진으로 양분된다. '조국 근대화'라는 허울 좋은 구호 아래 황금만능주의, 학벌주의, 출세주의, 승자독식주의, 먹고사니즘, 이기주의, 비인간주의, 불평등주의, 성장지상주의, 권위주의, 국가주의, (소)영웅주의, 정치혐오주의, 패거리주의, 그리고 온갖 부정과 부패가 제방 무너지듯 터져 나와 이 땅을 오염시켰다. 그러한 땅 위에 지금 우리가 살고 있는 것이다. 바로 얼마 전 우리가 탄핵시킨 대통령과 그 조력자들이야말로 오염된 땅 위에 자라난 독버섯이 아니겠는가.

물론 그렇다고 해서 이 땅의 역사 전체를 치욕스러운 역사로 보자는 것은 아니다. 어차피 인류의 역사란 모순투성이다. 인간은 만물의 영장이 아니라 동물계의 치욕이라 하지 않던가. 따라서 성찰 없는 자화자찬의 역사가 오히려 더욱 부끄러운 것이다. 그것야말로 식민지 트라우마의 중상임에 틀림없다.

역사적 전환점

한국인은 일제강점기인 1930~1940년대에 아시아·태평양전쟁, 1950년대에 한국전쟁, 그리고 1960~1970년대에는 베트남전쟁을 경험했다. 10년 단위를 끊어 반복된 전쟁이 이 가련한 민족의 현대사를 관통했다. 이 중에서도 베트남전 참전은 하나의 분수령을 이루는 사건이었다. 그것은 식민지 과거의 악몽을 떨쳐내고 세계적 규모로 전개된 냉전의 묵시록으로 확실히 진입하게 되는 역사적 전환점이었다. 고작 이십여 년 전에는 굴종의 나락에서 신음하던 식민지 백성이 마치 점령군과도 같은 위세로 수백만 리 떨어진 머나먼 타국 땅에 발을 들여놓았다. 아직 이렇다 할 국력도, 국제적 지분도 갖지 못한 보잘것없는 신생국이 세계 최강대국과 보조를 맞추게 되면서 갑작스레 타국의 명운을 좌지우지하는 나라로 뒤바뀌게 된 것이다.

베트남 땅에 발을 들여놓은 대한민국 국군의 대다수는

식민지 상태를 막 벗어난 신생국의 결핍과 고난을 온몸으로 겪어낸 사람들이었다. 대체로 중대장급은 일제강점기 말기에 어린 시절을 보내고 광복 후의 혼돈 속에 성장한 세대이며 소대장 이하 일반 병사는 해방 전후에 출생하여 한국전쟁 때 유·소년기를 보내고 가난과 기아에 찌든 절망적인 여건 속에서 성년을 맞았다. 베트남전 참전용사들은 저마다 필설로 다할 수 없는 개인사를 뒤로하고 낯선 이국땅으로 건너왔다. 미지의 땅 베트남은 고난 받는 민중의 마지막 시험대와도 같은 곳이었지만 동시에 더 이상 희망이 없는 현실로부터 벗어나게 해주는 모험과 기회의 땅이기도 했다.

1967년 6월부터 16개월 동안 소대장으로 참전한 맹호부대 노주원 중위는 1943년 경상남도 산청에서 출생했다. 초등학교 1학년 때 한국전쟁이 발발했는데, 그가 자라난 산청군 신등면 단계리 부근에서는 빨치산 전투가 치열하게 전개되어 휴전 이후까지도 계속되었고 초등학교 시절이 끝날 즈음에야 겨우 총성이 멎었다. 도처에 널린 시체를 예사로 보았고 심지어 노란 탄피로 반지와 목걸이를 만들며 놀기도 했다고 한다. 그에게 전쟁은 그다지 예외적인 상황이 아니었다. 어릴 적부터 나라를 지키는 군인이 되겠다고 다짐했던 그는 22세가 되던 1965년에 육군 보병 소위로 임관했다. 훈련병을 가르치는 교관으로 재직하던 그가 선뜻 베트남 참전을 결심한 데는 군

전우들과 휴식 중인 노주원 중위(중앙 하단)

인으로 실전 경험을 쌓아야 한다는 생각과 외국에 대한 막연한 동경, 그리고 무엇보다도 경제적인 고려가 작용했다. 그는 만 24세 되던 해에 소대장의 1년치 봉급을 미리 받고 베트남으로 떠났다. 원래는 한국에서 4주간 베트남 적응훈련을 받아야 했으나 당시 소대장 요원의 사상자 수가 급증하던 상황이라 단 2주간만 교육받고 맹호부대 기갑연대 전투지원중대 소대장으로 긴급히 현장에 투입되었다. 포탄이 쏟아지던 다낭Da Nang 항구를 지나 꾸이년에 도착하자마자 3일 만에 '홍길동 작전'에 투입되었다. 참전 일주일도 지나지 않아 함께 배를 타고 온 소대장 두 명이 전사했다. 다행히 맡은 바 소임을 마치고 무사히 귀국하여 육군3사관학교 창설 요원으로 활약한 후 중령으로 예편한 노주원 용사의 사례는 비교적 평온한 편에 속한다.

사병들 중에는 훨씬 불우한 사람이 많았다. 대부분 농촌 출신으로 고교 졸업생도 아주 드물었다. 맹호부대의 예비부대인 제2분대장으로 부대 최초의 수훈자가 된 이영수 하사는 전쟁고아 출신으로 불우하게 자랐지만 무척 온유한 인품을 지닌 사람이었다. 그가 '번개66-3호 작전'의 수행과정에서 적에게 수류탄을 던지려던 순간 적이 한 발 앞서 방아쇠를 당겼다. 의식을 잃고 쓰러져 싸늘하게 식어가는 그의 시체 앞에서 분대원들의 통곡이 멈추지 않았다. 백마부대 강무웅 하사의 죽음도 주변을 안타깝게 했다. 불우한 가정환경에서 자라나 장기복무 하사로 근무하던 그는 첨병에 자원했는데, 수상한 동굴을 발견하고는 즉시 수류탄을 던지려다가 손이 넝쿨에 걸려 넘어지면서 수류탄을 놓쳐버렸다. 가슴에 심한 파편상을 입은 그는 후송 중에 사망했다.

백마부대의 포대 주둔지에서 사고를 저지른 어느 일병의 이야기도 여운을 남긴다. 취침시간에 난데없이 M16 자동소총 소리가 부대를 뒤흔들더니 일병이 M16 방아쇠에 손가락을 걸고 상황실로 들이닥쳤다. 확실히 술이 취한 상태였다. 상황실 안에 있던 상황 장교와 통신병, 그리고 세 명의 사격지휘 요원들이 아연실색했지만 일병은 "새끼들 한 놈도 없네"

라고 중얼거리며 그냥 나가버렸다. 그리고 또다시 연발 총소리가 들렸다. 부대 안을 휘젓고 다니던 일병은 결국 사로잡혔다. 날이 밝은 후 연유를 물어보자 장교들을 잡아 죽이려 했으나 다들 숨어버려 누가 장교인지 확인할 수 없어 결국 아무도 쏘지 못했다고 자백했다. "병사들만 힘들게 작업하고 장교들은 편안하게 노는 게 싫었습니다. 너무 힘들고 고통스러웠습니다." 고국에 홀로 계신 어머니가 너무도 그립다며 울먹거리는 일병에게 포대장은 의외로 아무런 처벌도 내리지 않은 채 일병을 조기 귀국시키는 것으로 사건을 종결지었다.

확실히 많은 사병들이 빈한한 가정에서 자랐고 이유 없는 반항과 욕구불만을 표출했다. 그러나 그들은 정말로 힘들었다. 정글을 누비는 보병들만큼이나 그들 머리 위로 포탄을 날려주는 포병들도, 마찬가지로, 어쩌면 그 이상으로 힘들었다. 그들은 베트콩과 직접 교전할 일도 없고 베트콩 은신처를 수색할 일도 없으며 그저 보병들 뒤편에서 포사격만 지원하면 되었지만 실제의 피로감은 전혀 덜하지 않았다. 야간에는 교대로 새벽 2~3시까지 포탄을 날리고 낮에는 대포정비와 사격대기, 철조망 제초, 진지 보수 작업 등으로 잠시도 쉴 틈이 없었다. 항상 실탄이 지급된 상태인데다 크레모어와 수류탄, 조명지뢰 등 폭발물을 다루어야 하기 때문에 안전사고에 극도로 유의해야 했다. 정신이 해이해지면 철조망 제초 작업을 하다가 크레모어를 잘못 눌러 참사를 빚을 수도 있었다. 따라서 병사들에게 일부러 육체적 고통을 주어 긴장감을 유지시키는 면도 있었다. 부대 안에서 총기를 난사한 일병도 이러한 상황을 견디다 못해 사고를 친 것이다. 심지어는 수류탄을 안고 자폭해버리는 병사도 심심치 않게 나타났다. 낯선 베트남 땅에서 병사들은 그렇게 반미치광이가 되어갔다.

식민지 처지에서 벗어난 지 그리 오래되지 않은 가난한 나라의 민초들, 가만히 앉아서 삶을 포기할 수는 없다는 소박한 욕망을 품었던 이들이 어느새 사지로 내몰려 있었다. 이들은 살아남기 위해 싸웠다. 절망의 나락에서 벗어나려 발버둥치던 이들의 상황은 반공주의라는 세심하지 못한 흑백논리를 덧씌우기에는 너무도 다급하고 애절했다. 삶 자체가 고역이었던 지친 영혼들에게 대체 무슨 거창한 이념을 요구한다는 말인가.

반공주의는 이념의 결핍을 눈가림하는 도구였을 뿐, 하나의 뚜렷한 이념이라고 하기에는 너무나도 논리가 박약하다. 그저 공산주의만 아니면 되는 텅 빈 '자유', 닥치는 대로 '성공하자'는 논리는 그 자체로는 이념이 될 수 없다. 실용적이기 그지없는 논리를 벌충하기 위해 '민족중흥'이라는 그럴듯한 역사적 논리를 덧붙여보았자 식민지 과거를 적절히 해명하지 못하는 한 설득력을 지닐 수 없는 노릇이다. 일제강점기가 그저 역사의 에피소드는 아니지 않는가. 설령 불편한 과거사를 얼버무리고 지나간다 하더라도 베트남전 참전을 반공의 논리로 정당화하는 것은 지극히 자기모순적이다. 대한민국은 적어도 형식적으로나마 일제로부터의 독립을 역사적 정통성의 근간으로 삼고 있는 나라다. 그런데 베트남전은 적어도 베트남인의 입장에서는 민족해방전쟁이었다. 약소국이 열강의 침략에 맞서 주권을 지켜내고자 참으로 질기게 싸웠다. 그렇다면 왜 대한민국은 동병상련해야 마땅할 나라의 자주독립을 훼방 놓은 것일까? 북한의 침략을 받은 우리나라처럼 북베트남의 위협으로부터 남베트남을 구하기 위해서라고? 남베트남은 우리가 수호해야 할 자유세계의 보루이기는커녕 누가 보더라도 프랑스와 미국의 꼭두각시 국가가 아니었던가? 부정과 부패가 극에 달해 제 국민에 의해서도 완전히 버림받은 나라임을 병사들 눈으로 스스로 확인하지 않았던가? 우리는 대체 누구를 위해서 싸웠단 말인가? 이러한 물음에 대답하지 못하는 반공 논리에 비하면 차라리 경제적 활로 개척이라는 실용적 논리가 훨씬 설득력 있게 들린다. 물론 그것은 참전의 이념적 정당성을 스스로 부정하는 논리이지만 말이다.

　대한민국의 베트남전 파병은 악마의 선택이었다. 그것은 정당성의 결핍을 무색하게 할 만큼 대단히 유혹적이었다. 국가나 병사 개개인 모두 형식적인 반공의 주문을 외며 각자의 목적을 위해 내달렸다. 따라서 불꽃 튀는 전투는 마치 부조리극처럼 내용이 없었다. 그토록 적대하던 공산주의 이념에 대해 명확한 이해가 있었던 것도 아니고, 낯선 베트남 사람들에게 특별한 애증이 있었을 리도 없다. 오로지 '생존' 말고는 별다른 이유가 없는 승리를 향해 불굴의 의지가 타오르면서 진정으로 원초적인 본능이 작동하게 된다. 한국인의 마음속에 응어리져 있던 무언가가 무의미한 전장의 어슴푸레한 포연을 뚫고 나와 작열했던 것이다.

영웅의 탄생

우리말의 '희생'이라는 단어는 두 가지 서로 상반되는 의미를 포괄한다. 능동적으로 자신을 투입한 헌신으로서의 '희생'과 불가항력적인 힘에 의해 수동적으로 당한 '희생'은 결코 같지 않다. 그러나 우연인지 필연인지 한국 현대사는 불행하게 희생된 피해자가 숭고한 희생을 감내한 영웅으로 역전된 수많은 사례를 전한다. 이 놀라운 역전을 두고 박정희 정권이 선전했던 대로 '민족중흥'의 계기로 볼지는 해석의 문제이지만, 어쨌든 이러한 사례는 베트남전쟁에서 가장 생생하게 펼

처진다. 한국 현대사에서 베트남전은 새로운 영웅신화의 원천으로 기록될 만하다. 이 영웅들은 정치적 대의나 도덕적 명분에 구애됨이 없이 식민지 과거의 연緣을 과감히 끊고 기약 없는 미래로 투신했다는 점에서 영웅적이다. 오직 승리를 향한 불굴의 의지만을 지녔기에 이들은 한없이 대담하고 위험했다.

　베트남의 끝도 없는 밀림에서 따이한 군대는 참으로 잘 싸웠다. 어떠한 난관이든 돌파해내며 임무 수행에 거침이 없었다. 사실 잘 싸우지 않을 수도 없었다. 미군은 수행하기 부담스러운 임무를 골라 한국군에 떠맡겼다. 미군이 후방에서 포를 쏘는 동안 한국군은 직접 마을에 들어가 작전을 펼치는 일이 다반사였다. 빗발치는 세계여론에 부담을 느낀 미군이 용맹을 자랑하는 따이한 군대에게 살육을 행하도록 광기를 부채질했다.

　베트남전에서 한국군이 보여준 용기와 헌신은 감동을 넘어 전율을 느끼게 한다. 조국을 위한 희생으로 이해하기에는 너무나 초인적이기 때문이다. 베트콩이 도사리고 있을 좁고 캄캄한 동굴 속으로 들어가던 전사들의 담력은 상상을 초월한다. 그 입구는 좁고 덩굴나무 등으로 위장된데다 늘 저격병이 조준하고 있었다. 단도와 수류탄으로 무장하고 동굴 안으로 들어간 전사는 그 인원과 상태를 헤아릴 수 없는 적과의 육박전을 각오해야 했다. 그러한 와중에도 전사들은 묵묵히 임무를 수행했다. 중상을 입은 장교들은 자신의 상처를 돌보지 않고 부하들을 다독였으며, 전우의 지혈을 위해 상의와 내의를 찢는 것쯤은 일상에 속했다. 채명신 장군의 명령에 따라 모든 전술기지를 강력한 거점으로 편성해 적의 연대규모 공격에도 48시간 이상 단독방어가 가능하도록 만반의 준비태세를 갖추었고, 캠프파이어 즐기듯 밝은 미군 주둔지와는 달리 적에게 노출되지 않도록 철저한 야간 등화관제를 실시했다. '한국군ROK Army'은 '바위rock'와 같다던 미군의 칭송은 결코 과장이 아니었다.

전장에서도 철모를 쓰지 않는 것으로 유명했던 채명신 장군은 참으로 보기 드문 명장이었다. 그는 한국군의 독립적인 작전을 인정하지 않는 미군을 설득해 끝내 작전지휘권을 넘겨받았고, 그 휘하의 한국군은 실로 놀라운 전투력을 과시했다. 초인적 희생정신과 용맹함으로 빛나는 안케패스 전투는 영웅의 진가를 여실히 보여주었다.

그러나 영웅 중의 영웅은 역시 해병이었다. 건설지원부대인 비둘기부대의 일원으로 처음 베트남 땅을 밟은 해병대는 1965년 9월 말에 전 해병대 병력의 3분의 1을 상회하는 청룡부대가 탄생하면서 여단규모로 참전했다. 투철한 해병정신을 소유한 용사들이 선발되어 파월 청룡부대 결단식을 거행한 후 10월 3일 부산항에서 육군선발대와 함께 미 해군 수

송함 편으로 출항했다. "훌륭한 해병은 모두 전사한다"는 특유의 근성과 초연함이야말로 해병의 전투력을 보장하는 최상의 무기였다. 한 청룡 용사는 자랑스럽게 기록했다. "방파제를 타고 넘는 해일처럼, 철창이 끊긴 동물원의 맹수처럼 우리는 맹렬히 돌진했다."

해병의 강인한 정신과 육체는 물론 혹독한 훈련의 결과였다. 일상적인 구타와 지옥훈련을 견뎌낸 자만이 누리는 특권이었다. 해병학교에서 9개월간 이루어지는 훈련의 특징은 기상에서 취침까지 모든 게 선착순이라는 점이다. 뒤쪽의 3분의 1은 이유를 불문하고 야구방망이로 맞거나 그에 상응하는 기합을 받게 마련이었다. 만약 탈영자가 발생할 경우 반드시 잡아와 모든 후보생이 보는 앞에서 기절할 때까지 때리고 기절하면 물을 끼얹고 또 때려 초주검이 되도록 해서 끝까지 교육한 후 결국은 임관시키지 않고 퇴교시키는 것이 해병대 근성이었다. 야구방망이를 맞지 않으면 잠이 안 온다는 우스갯소리가 있을 정도였다. 이러한 엄격한 단련의 과정을 통해 육체와 정신 모든 면에서 진정한 전쟁기계가 탄생한다.

청룡여단의 전술책임지역은 북위 17도선의 휴전선 남방 280킬로미터 지점과 사이공으로부터 북방 540킬로미터 지점으로, 주월 한국군의 최북단에 위치했다. 독자적인 작전권을 행사했던 맹호부대와는 달리 청룡부대는 미 해병의 작전지휘를 받았는데, 미 해병 작전은 대체로 범위가 무척 넓게 전개되므로 극도의 위험이 따랐다. 따라서 참전 초기에 청룡부대의 사상자가 엄청나게 발생했으며, 미국의 요구에 따라 국회의 동의도 거치지 않은 채 해병대 1개 대대가 신속히 증파되었다. 증파 부대는 출국환송행사도 없이 M1 소총을 3등분하여 곤봉 속에 숨긴 채 극비리에 파월되었다. 청룡부대는 확실히 독보적이었다. 얼룩무늬 군복만큼이나 전투 방식도 남달랐다. 전술책임지역을 방어하는 데 주력하는 맹호부대와는 달리, 청룡부대는 적이 있는 곳이면 어디든 추격해 섬멸하는 방식을 택했다. 일단 적의 위치만 확인되면 1개 대대 이상의 적진에 아군 1개 중대를 떨어뜨려놓는 것쯤은 다반사였다. 따라서 많은 사상자가 발생했으나 그런 만큼 괄목할 만한 성과를 냈다.

1965년 10월 베트남 남부 깜라인Cam Ranh에 상륙하여 동년 12월에 청룡1호 작전을 전개했고 좀 더 북쪽으로 이동하여 남베트남의 3대 곡창 중 하나인 뚜이호아Tuy Hòa 평야 지역을 평정하고 1번국도를 장악했다. 그 이듬해 여름에는 훨씬 더 북쪽인 쭐라이 지역으로 이동해 지역을 평정함과 동시에 1개 중대로 북베트남 정규군 2개 연대 병력을 격멸시킨 '짜빈동Trà Bình Dong 전투'로 명성을 떨쳤다. 중대급 규모로는 최대의 승전 사례로 기록된 짜빈동 전투는 수적으로 수십

배에 달하는 적을 백병전으로 이겨낸 불멸의 신화였다. 완벽한 승리도 놀랍지만 전사자가 분대 하나 수준인 10명 선에서 멈추었다는 사실이 청룡 용사들의 무용을 입증한다. 1967년 12월에 좀 더 북쪽인 호이안 지역으로 이동한 청룡여단은 곧바로 1968년의 '구정 공세'를 맞이하게 되는데, 유명한 '괴룡 1호 작전'을 전개해 또다시 적을 물리치고 잠시 적에게 빼앗겼던 호이안을 수복했다. 그리고 남베트남 제2의 도시로 꼽히는 다낭을 적으로부터 지켜냈다. 청룡부대는 말 그대로 천하무적이었다.

이 강철 같은 사나이들은 전우애도 남달랐는데, 특히 늘 전투의 중심에 있던 소대장은 자신이 이끄는 소대원이 절반 넘게 전사하면 본인도 살아서 돌아가지 않는 게 상식이었다. 총에 맞은 병사들은 "어머니!" 대신 "소대장님!" 하고 외치며 죽는 경우도 적지 않았다고 한다. 무거운 군장이 어깨를 내리누르는 상황에서도 청룡 용사들은 목숨을 내걸고 전우의 시체를 거두었다.

섭씨 40도를 육박하는 폭양 아래서 청룡 용사들은 늘 적진 한가운데를 파고들었다. 이글거리는 하늘 아래 검붉게 타오르는 불길은 격한 감정을 고조시킨다고 한 청룡 용사는 기록했다. "항상 개인거리를 5보 유지하고 총알보다 몸이 빨라야 산다"고 되뇌며 뒤로 명령을 전달하던 얼룩무늬 용사들.

주로 분대원 규모로 적을 찾아다니는 와중에 하급병사는 M1 소총의 1기수탄 192발과 수류탄 3~4발과 더불어 유탄과 소이 탄, 최루탄, 연막탄, 로켓탄 등을 소지하고 다녔다. 동굴을 공 격하기 위해서는 특히 대전차용 로켓탄이 필수적이었다. 햇 살을 받아 번쩍이는 피는 그들의 전투 본능을 더욱 자극했다.

해병학교 36기로, 1965년 10월부터 1968년 5월까지 청룡 여단 소총소대장으로 복무하고 귀국한 후 다시 두 번 더 베트 남에서 복무한 경력을 지닌 지일호 용사는 병사들의 기막힌 상황을 다음과 같이 회고한다. 해병 34기의 한 소총소대장이 1년간의 복무기간을 마치고 바로 이틀 후에 귀국할 예정이었 는데, 후임자가 여단 본부에서 하룻밤만 더 자고 가겠다는 뜻 을 전하자 흔쾌히 받아들이고는 마지막 잔적소탕 작전에 나 갔다. 개활지를 거쳐 진격하기 위해 전술2열종대로 개활지를 거의 다 통과했을 때 기다리고 있던 잔적들이 저격을 감행했 고 소대장은 그 자리에서 즉사했다. 전혀 반대의 경우도 있었 다. 대여섯 명의 분대원이 잠시 열대과일 나무 밑에 둘러앉아 과일을 따먹으며 휴식을 취하는 동안 지척에서 적의 AK기관 총이 불을 뿜었다. 무방비상태였으나 단 한 명이 경상을 입은 것 말고는 아무런 피해도 없었다. 인명은 제천이라던가. 한 번은 분대원 한 명이 총격에 사망해 그의 시체를 찾아오기 위 해 엄호사격하에 병사 다섯 명이 사지로 뛰어들었다. 시체를 떠메고 오는 동안 시체에 연거푸 세 발의 총탄이 맞았으나 대원들은 모두 말짱했다. 용사들은 마음대로 죽을 수도 없는 상황이었다. 지일호 용사는 해병들 사이에서 자주 되뇌던 말을 전한다. "전쟁처럼 재미있는 게임은 없다." 물론 그는 다음과 같이 덧붙였다. "단, 살아남는 한에서."

이러한 초인적인 기백을 바탕으로 참된 영웅신화가 탄생한다. 1965년 8월 11일 뚜이호아 부근의 동굴 속에서 제3대대 정보장교 이인호 대위가 보여준 숭고한 희생정신은 모든 해병의 귀감이었다. 경상북도 청도군 출신으로, 찢어지게 가난한 소작농 가정의 맏아들로 자라난 그는 대구에서 자취하던 고등학교 1학년 때 감 행상을 다니던 어머니가 기차에 치어 돌아가시는 불행을 겪었다. 해군사관학교에 입학해 해병대에 지원한 그는 이미 결혼을 해서 아들딸을 둔 상태에서 1965년 10월 베트남으로 떠났다. 뚜이호아 지역에서 청룡부대가 마지막으로 수행한 '해풍 작전'에서 이인호 대위는 1개 소대를 이끌고 베트콩이 잠거하는 동굴을 탐색하던 중에 적이 던져온 수류탄 한 발을 되던져 다섯 명을 격살하고 적이 다시금 던져온 수류탄 한 발을 가슴으로 막아 장렬하게 폭사함으로써 위기에 처했던 부하들의 생명을 무사히 구했다. 고인은 소령으로 특진하고 유해는 국립묘지에 안장되었다.

이와 유사한 살신성인의 풍모가 포위망 속에 갇힌 청룡

1968년 호이안에서 작전 중인 한미해병대(정영민 제공)

여단 제3소대를 구한 위생하사관 지덕칠 용사에게서도 고스란히 발견된다. 그 또한 부모를 여의고 외롭게 자란 사람이었다. 베트남 중부의 바탄간(바랑안Ba Làng An)반도에서 미 해병대의 수중폭파반 요원들을 보호하고자 실시된 이른바 '강구江口 전투'에 투입된 지덕칠 하사는 자신이 총탄 여덟 발을 맞은 상태에서도 빗발치는 탄우 속에서 부상병들을 구출해냈다. 그는 고구마밭 부근의 옴폭한 곳에서 부상자를 응급치료했고, 소대가 마지막 탈출을 할 때 소대장보다 더 늦게 나오다가 재차 부상을 입었는데, 다른 응급환자를 먼저 후송시키다가 헬기 지원이 늦어지는 바람에 후송 도중 심한 출혈로 사망했다. 아비규환 속에서도 지도가 적에 넘어가서는 안 된다며 손톱이 닳도록 땅을 파서 지도를 묻었던 그의 투혼은 신화로 남았다. 고인에게 중사로의 추서 진급과 함께 태극무공훈장이 수여되었다.

절망과 허무의 잿더미 속에서 참된 영웅이 등장한다. 전사戰士는 전쟁의 목표를 달성했기 때문이 아니라 오히려 그러한 피상적 목표에 구애됨 없이, 심지어 그것에 맞서 오로지 조국의 부름에 따라 제 몸을 불살랐기에 진정한 영웅인 것이다. 신들이 자신에게 요구했던 죽을 운명을 완결시키기 위해 불굴의 왕국 트로이를 잿더미로 만든 그리스 영웅 아킬레우스에게 전쟁의 목표 따위는 사소한 것에 지나지 않았다. 오로지 운명의 부름에 따라 불멸의 신화를 창조하는 것만이 궁극의 목적이었다. 이인호, 지덕칠 용사가 보여준 영웅적인 헌신과 거룩한 행위에 비하면 전쟁의 옳고 그름을 논하는 것은 지극히 편협해 보인다. 불멸의 영웅에 대한 신성모독인 것이다.

그렇지만 베트남전 참전용사들은 고전적 영웅과는 판이하게 다른 새로운 유형의 영웅이다. 그들은 불안이나 망설임 혹은 연민 등의 값싼 인간적 감정을 극복해낸 진정한 전쟁기계였다. 전우에 대한 절대적인 헌신과 적에 대한 절대적인 무자비가 그들의 대뇌에 각인되어 한 치의 오차도 없이 작동했다. 일찍이 독일 작가 에른스트 윙거는 이러한 새로운 영웅들에 대해서 논한 바 있다. 히틀러가 정권을 장악하기 불과 몇 개월 전에 출간된 저서 『노동자*Der Arbeiter*』에서 윙거는 "가면처럼 굳은 인상"을 지닌 초월적 영웅의 등장에 대해 논한다. "노동자"는 특정 계급을 지칭하기보다는 새로운 시대의 인간 유형이다. 최초의 현대적 총력전으로 꼽히는 제1차 세계대전에 참전했던 윙거는 전쟁 그 자체가 하나의 노동과정으로 변모되는 현장을 목격했다. "죽음의 일용노동자"로서 정밀한 병기를 조작하는 "익명의 군인들"은 오직 임무수행을 위해 존재하며 항상 교체 가능한 일종의 전쟁기계다.

윙거의 문학적 상상력은 베트남 땅에서 현실이 되었다. 한반도를 떠나온 가난한 농민의 아들들이 짧은 시간 안에 초인적 영웅들로 변모해갔다. 이러한 변화는 사실상 극도의 절망에서 비롯된 것이었다. 젊은 시절 청룡부대의 일원으로 베트남전에 참전했던 작가 황석영이 장편소설 『무기의 그늘』에서 폭로했듯이, "감정이 볕에 새까맣게 그을어버린 것"이었다. "살육과 갈증과 더위가 모든 전투원을 단 보름 동안이면 그렇게 찌그러뜨리고 두들겨서 타버린 빈 깡통처럼 변화시킬 수가 있었다." 절망이 한계치를 넘어서면 강철 같은 의지로 역전된다. 이를 감정의 연금술이라고 표현해도 될까?

이제 전투는 전쟁의 목표를 넘어선다. 전쟁의 시작과 끝은 무의미하고 오로지 개개의 전투만이 숭고한 것이다. 마치 순수예술, 순수과학처럼 순수한 전쟁, 즉 여타의 그럴듯한 대의는 모두 실종되고 오직 전투 그 자체만을 위한 전쟁이 등장한다. 전우애, 헌신, 용기, 힘, 그리고 적에 대한 완전한 승리만이 지배하는 전쟁! 그야말로 냉전의 꺼림칙한 묵시록이 실현된 것이다. 영화 〈지옥의 묵시록〉에는 리하르트 바그너Richard Wagner의 오페라 〈발퀴레Die Walküre〉 제3막의 유명한 도입부가 삽입되어 있다. 전쟁터의 여신들인 발퀴레의 합창은 특유의 강렬한 음향으로 악마적인 감동을 연출한다. 그것은 무자비한 공중폭격 장면을 도덕적 판단의 한계지점까지 고조시킨다. 폭력을 위한 폭력, 순수한 폭력의 아름다움이 우리를 전율시킨다. 발퀴레의 천공을 울리는 합창은 그 누구보다도 대한민국 청룡 용사들에게 헌정되었어야 마땅하다.

고삐 풀린 폭력
....

그대들은 세기의 렌즈 속에 비치는
단순한 피사체가 아니다.
용용湧湧히 살아서 기운차게 움직이는
강한 생명체이다.

평화를 창조하는 힘이다.

시인 박화목은 「讚! 청룡부대에 부침」이라는 헌시에서 청룡 용사들을 "단순한 피사체", 즉 약소국에서 불려 나와 강대국의 명령에 따르는 수동적인 객체가 아니라 능동적으로 평화를 창조해가는 주체로 격상시켰다. 청룡 용사들에게 부여된 새로운 역사적 지위는 공짜로 얻어진 것이 아니었다. 그들을 붙들고 있던 역사의 중력을 떨치고 초인적으로 솟아오름으로써 비로소 가능했던 것이다. 그들은 생존을 위한 사투를 통해 절망을 딛고 일어섰다. 두렵던 적을 물리치고 총성이 멎으면 지친 병사들은 긴장이 풀린 나머지 웃음을 터뜨렸다. "모두들 크게 웃어!" 소대장의 구령에 맞춰 큰 웃음소리가 싸늘한 전장에 울려 퍼졌다.

학살은 이미 예고되어 있었다. 아군의 초인적인 용맹함은 적의 입장에서는 포악함일 뿐이었다. 따이한 군대의 무자비한 태도는 미군과 남베트남군에게도 익히 알려져 있었다. 미국은 군사적·정치적 부담이 큰 지역과 베트콩의 근거지를 골라 대한민국 파월군을 집중배치했고, 국내에서는 꿈도 꾸지 못할 엄청난 무기를 제공받은 한국군은 위험시에 화력을 아낄 이유가 전혀 없었다. 처음부터 적과 아군 간 군사력의 절대적인 비대칭성에서 출발한 이 전쟁은 사실상 전쟁이라기보다는 살육에 가까웠다. '마을전쟁'이라는 베트남전쟁의 근본 성격으로 인해 베트콩을 수색해 섬멸한다는 기본 원리가 미군과 한국군의 모든 작전을 관통했던 만큼, 군인과 민간인을 망라하는 인명피해는 불을 보듯 뻔했다.

무지와 공포가 지옥을 만들어냈다. 베트남 중부에 도착한 한국군이 부대 기지를 만드는 과정에서 주민들은 강제적인 소개疏開에 반발하며 노골적인 적대감을 표출했다. 선량해 보이는 농민들 사이에서 갑자기 총탄이 날아오고 지뢰가 터지고 어디론가 물자가 이동하는 낌새가 있었다. 남베트남군도 신뢰하기 힘들었다. 군 장비가 어디론가 빠져나가고 대량 살상무기인 크레모어가 밤새 한국군 방향으로 돌려져 있는 일이 예사였다. 한국군은 불리한 여건을 타개하고자 주둔지 주변 마을에 생활필수품을 지원하고 도로와 학교, 병원 등을 건설하고, 심지어 태권도를 보급하는 등 대민지원사업에 적극 나섰지만 그러한 '시혜'가 주민의 마음을 돌려놓을 수는 없었다. 결국 모든 주민이 적이라는 판단이 힘을 얻게 되었다. 만약 이러한 판단이 옳았다면, 그 자체가 이 전쟁의 명분 없음을 입증하는 것 아닌가.

'양민'과 베트콩을 구별할 수 없는 상황이야말로 이 전쟁의 본질이자 비극의 씨앗이었다. 진짜 적의 소재를 찾을 수 없다면, 관련 지역을 '싹쓸이'하는 것이 가장 확실한 방법이었다. 이는 오랜 고민 끝에 내린 결론이 아니라 사실상 미군의 은근한 요구에 한국군이 호응한 것이었다. 한미공동작전시에 미군은 주로 후방에서 포를 쏘고 한국군은 직접 마을로 들어가 베트콩을 색출하는 역할 분담 자체가 이미 결과를 내포하고 있었다. 한국군 전투부대가 참전한 지 채 몇 달이 되지 않은 1966년 초에 한국군에 의한 민간인학살 중 절반 이상이 일어났다는 사실은 애초에 민의를 억누르고 시작된 이 전쟁에서 한국군이 맡은 역할이 과연 무엇이었는지를 알려준다.

대한민국 파월군은 죄악을 저지르도록 유혹하는 악마의 시험대에 불려 나왔다. 자유와 세계평화라는 그럴듯한 대의명분과 숭고한 희생정신에도 불구하고, 남의 나라에 쳐들어와 민의를 거스르고 폭력을 행사한 죄악은 변호될 수 없다. '지옥에 이르는 길은 장미로 꾸며져 있다'는 서양 격언은 바로 이런 경우를 두고 하는 말이 아닌가. 베트남에서 한국군이 수행한 대부분의 전투는 중대급 이하의 소부대 작전이었기에 일반 주민과의 마찰을 피할 수 없었다. 한국군이 행군이나 작업 도중 지뢰를 밟거나 저격을 받으면 인근 마을에 반드시 가혹한 보복이 가해졌다. 한 명을 죽이면 이를 목격한 다른 이들도 죽이게 되었고 결국 노인과 아이들까지 포함해 마을 전체를 잿더미로 만들어버렸다. 닥치는 대로 집에 불을 지르고 뛰쳐나오는 사람들을 살상했으며, 혹여 베트콩에게 이로울

수 있는 숙소와 식량, 가축, 물자 등 존재하는 모든 것을 없앴
다. 한국군의 잔학행위는 기본적으로 전략적이었지만 가끔
은 편의적이기도 했다. 의심스러운 민간인을 잡으면 원칙적
으로 포로수용소에 데려다주어야 했는데, 군대가 기동할 때
따르는 위험성을 미연에 방지하기 위해 포로를 대피호에 몰
아넣고 수류탄을 던지는 일도 있었다.

한국군 최대의 민간인학살지로 알려진 빈딘성 떠이선현
빈안사(현재의 떠어빈사)의 민간인학살은 신원이 확인되어 명
부에 올라 있는 공식 사망자 수만 해도 728명에 달한다. 이
가운데 어린이가 166명, 60세 이상 노인이 88명으로 기록되
어 있다. 1966년 1월 말부터 6주간에 걸쳐 맹호부대 3개 중대
에 의해 총 15개 지점에서 체계적으로 진행된 학살은 이 지역
을 지옥의 불바다로 만들었다. 직접적 계기는 전우를 잃은 한
국군의 보복공격이었다고 하지만, 당시 이 지역에서는 꾸이
년에서 캄보디아 국경까지 이어지는 19번국도를 둘러싼 이전
투구가 한창이었다. 베트남 중부지역을 동서로 관통하는 이
도로를 장악해야만 베트콩의 생명선을 끊을 수 있었다. 빈안
사는 19번국도와 가장 가까운 위치였다.

겉으로는 평범해 보이는 농촌마을을 폭력적으로 '평정'하
게 된 데는 분명히 이데올로기적 선입견이 작용했다. '빨갱
이'를 혐오스러운 악마나 인간 이하로 취급하는 발상은 분단

과 동족상쟁을 거친 나라의 군대로서는 자연스러운 것이었
다. 파병군 중에서 백마부대와 해병대는 지리산 빨치산 토벌
에 나섰던 전력이 있었다. 이런 점에서 보면 베트남전은 확실
히 냉전의 일환이었다. 그러나 전장을 실제로 지배했던 것은
적과 아군이라는 진영의 문제였지 엄밀한 의미의 이념갈등은
아니었다. 반복적으로 세뇌되어 마치 반사신경처럼 본능화
된 반공주의가 적으로부터 최소한의 자극만 있어도 불구대천
의 원수를 만난 듯 적대감을 분출시켰던 것이다.

　　참전 초기에 폭발적으로 발생한 잔학행위는 파병군이 낯
선 땅의 상황에 적응해가면서 잠시 줄어들었다가 1968년 무
신년 벽두의 '구정공세'를 계기로 다시금 불꽃을 튀었다. 미
군 측은 적에게 밀리는 모습을 보이지 않기 위해 더욱 잔혹
한 군사작전을 감행했다. 네이팜탄 사용과 고엽제 살포로 베
트남 땅 전체를 쑥대밭으로 만들고 베트콩이 활개를 펴지 못
하도록 주민들에게 본보기를 보여주는 일련의 조치를 강구했
다. 베트남 중부 꽝응아이성의 선미 마을에 설치된 전략촌에
서 1968년 3월 16일 미군 소대원 30여 명이 민간인 500여 명
을 학살한 악명 높은 '밀라이 대학살'은 전 세계 여론을 들끓
게 하고 미국 국내의 반전운동을 촉발시킨 일대사건이었다.
그러나 이보다 3주 전에 이미 한국군은 대민 경고용 학살을
선도했다. 2월 25일 꽝남Quảng Nam성 디엔반Điện Bàn현 하미

Hà My 마을에서 청룡 부대가 자행한 '하미 학살'은 '한국군판 밀라이'라고 할 수 있다. 무려 135명에 달하는 민간인을 희생 시킨 것으로 알려져 있다. 그 2주 전인 2월 12일에도 청룡여 단 1대대 1중대원들이 인근의 퐁넛Phong Nhât·퐁니Phong Nhi· 퐁룩Phong Luc 마을에서 노인과 부녀자, 갓난아기까지 포함하 여 74명의 민간인을 학살한 사건이 있었다. 청룡부대원 한 명 이 정찰 중에 지뢰에 걸려 큰 부상을 입자 보복성으로 학살을 자행했다고 하나, 사실은 구정공세에 대한 반격으로 청룡여 단이 1월 말일부터 한 달간 미군·베트남군과 합동으로 전개 한 '괴룡1호 작전'의 수행 과정에서 일어난 일이었다. 청년 병 사들의 일시적인 흥분과 객기로 인해 우발적으로 일어난 '사 건'이 아니라 효과적인 군사전략의 일환으로 수행된 '작전'이 었던 것이다.

파월 한국군이 자행한 민간인학살은 그 면면을 보면 체 계적으로 진행되었음은 거의 의심할 여지가 없다. 그렇지만 그 양상은 실로 이해하기 힘든 측면이 있다. 오랜 식민지 수 탈과 전쟁의 포화 속에 시달려온 사람들에게 왜 그토록 잔혹 했던 것일까? 왜 그러한 반인륜적 범죄를 저질렀는가? 혹여 손 안 대고 코 풀려는 미군에 의해 등 떠밀린 것일까? 아니면 늘 피해자로서 희생당해온 억울함을 애꿎은 대상에게 분풀 이한 것일까? 그것도 아니라면 오랜 역사적 혼란기를 거치며 훈육된 폭력이 체질화되어 자동적으로 분출되었던 것일까?

베트남인들에게 가해진 폭력은 확실히 선례를 지니고 있다. 일제강점기부터 이어진 폭력의 사슬이 대한민국의 역사 전체를 휘감고 있다. 1948년 4월 제주와 1980년 5월 광주 사이에 빈안사와 퐁닛·퐁니·퐁룩이 자리 잡고 있는 것이다. 한국전쟁의 참화 속에서 어린 시절을 보내며 전쟁의 비인간성을 가장 가까이서 체험했던 사람들에게 폭력은 전혀 낯설지 않았다. 오히려 사람들이 깨달은 것은 폭력의 놀라운 창조력이었다. 폭력은 한순간에 노예를 주인으로 뒤바꿀 수 있다. 약자는 두려워하고 인내하지만 강자는 주저 없이 우월함을 입증할 뿐이다. 한국인에게 폭력이란 피해자를 가해자로 역전시키는 감정의 연금술이었던 셈이다.

어쩌면 베트남에서 한국인은 자기 자신과 싸운 것인지도 모른다. 베트남은 떨치고 싶은 과거의 이름이었다. 자신의 초라한 행색을 비추는 거울이었다. 따이한 군대의 폭력이 전략적 목표를 훌쩍 뛰어넘어 광기를 띤 것은 무언가 깊은 혐오감의 발로였다고 보지 않을 수 없다. 베트남은 마치 깨뜨리고 싶은 거울처럼 자신을 닮은 동시에, 할리우드 영화에서나 본 듯한 이국적인 야자수와 옛 프랑스제국이 남긴 서구문명의 자취가 가득한 꿈의 장소이기도 했다. 이곳에서 병사들은 지긋지긋한 가난을 뒤로하고 신상옥 감독의 1964년도 영화 〈빨간 마후라〉에 나오는 멋진 공군 조종사들처럼 직선의 활주로를 달려 푸르른 미래로 힘차게 날아오르고 싶었으리라.

베트남에서 한국인은 오랜 절망으로부터 벗어날 출구를 찾았다. 작전 중에 마주치는 베트남 농민들의 까무잡잡하고 왜소하고 비쩍 마른 모습에서, 생선을 발효시켜 썩은 듯한 냄새가 나는 느억맘 소스에 찌든 체취에서, 그들보다 조금 더 희고 조금 더 크고 조금 더 살집이 오른, 조금은 더 문명적인 냄새가 나는 자신의 인종적 우월함을 확인했다. 그것은 미군에 대한 열등감을 상쇄할 수 있는 심리적 보상책이었다. 열등감이 강한 사람일수록 자기보다도 열등하다고 간주되는 이들을 지배하고 싶은 사디즘적 충동이 강한 법이다. 당시 베트남인을 경멸적으로 지칭하던 말인 '국gook'은 한국군도 즐겨 사용하던 은어인데, 사실은 한국전쟁 때 미군이 '한구욱'이라고 비아냥거리던 말에서 비롯되었다는 것은 시사적이다. 한국군은 미군이 자신들을 베트남인과 닮은 황인종으로 바라볼수록 자신의 고유한 가치를 입증하기 위해서라도 베트남인 위에 폭군처럼 군림해야 했다. 한국군의 이러한 행태는 미군에게는 금도를 넘어서는 탈선이기는커녕 오히려 적극 권장할 만했다. 베트남전이 '인종전쟁', 즉 백인종과 황인종 간의 전쟁이라는 국제사회의 비난을 잠재울 그럴듯한 구실을 제공했기 때문이다. 어쩌면 그것이 한국군에게 부여된 진짜 임무였는지도 모른다.

인류학자 권헌익에 따르면, '빨갱이'에 대한 적개심의 기저에는 옛 식민지 시절에 만연하던 인종주의적 편견이 깔려 있다. 식민지 사람들에 대한 '종주국' 사람들의 인종적 '색깔론'이 냉전시기에 이르러 이데올로기적 '색깔론'으로 변형된 것이다. 식민지 상태로부터 막 벗어난 신생국은 미국이 주도하는 반공주의의 대열에 동참함으로써 자신을 짓누르던 피부색의 낙인을 벗겨내어 이념적 적대자들에게 덮어씌울 수 있었다. 이제 공산주의자야말로 후진국의 적폐, 열등민족의 전형, 심지어는 인류문명의 적대자로 지목되었다. 따라서 '빨갱이'라는 호명은 한 국가의 내부와 외부에서 모두 즉결처형이나 대량학살, 혹은 사회적 오명, 권리의 제한 등과 같은 극심한 박해로 이어지게 마련이었다. 인간이 달나라에 갈 정도로 진보했다는 현대 문명의 실상은 적어도 신생국가들에서는 역사적 선례를 찾기 힘든 야만적 폭력이었다.

이처럼 자신의 어두운 이면을 폭력적으로 떼어내려는 신생국에게 내부의 적과 외부의 적은 사실상 차이가 없었다. 양쪽 모두가 자국을 적화시키려는 '빨갱이'라는 점에서 공통적이었기에 가차 없이 척결해야 했다. 바로 이러한 점에서 냉전은 전 지구적 차원의 묵시록을 연출했고 신생국은 이 장대한 드라마에서 조연 역할을 얻어냄으로써 비로소 식민지 과거의 멍에로부터 벗어나 역사적 주체로 거듭날 수 있었다.

폭력이야말로 역사를 전환시키는 힘이었다. 그것은 어엿한 주인으로서의 권리를 인정받는 의례와도 같았다. 베트남전 참전은 제국 일본으로부터 고스란히 물려받은 폭력의 유산을 새로운 국민적 정체성과 국제적 지분을 확보하는 데 적극 활용했다는 점에서 한국 현대사의 뚜렷한 변곡점이었다. 비록 베트남전은 패전으로 종결되었지만 더 이상 피해자가 아닌 어엿한 가해자로서 폭력을 행사한 유례없는 경험은 완전히 새로운 체제로 나아가는 발판이 되었다. 총력 전시동원체제인 유신체제야말로 대한민국이 원조물자나 받던 궁색한 처지에서 공세적 위치로 전환했음을 웅변한다. 냉전의 최전방 국가인 대한민국은 '부'와 '성공'을 위해서라면 뭐든 희생시킬 수 있는 무자비한 폭력의 공화국이 되었다. 긴급조치와 통금, 새마을운동과 민방위훈련은 말할 것도 없고 평범한 남성들 사이의 군사문화와 성폭력적 언사, 그리고 학교 교실 안의 가혹한 훈육 방식에 이르기까지 고삐 풀린 폭력이 난무했다. 우리의 골수에 사무쳐 있는 폭력의 유전자를 온존시키는 한 우리는 아직도 박정희 유신체제의 꺼림칙한 망령으로부터 벗어났다고 할 수 없다. 이 땅에서 폭력의 에너지로 뜨겁게 달아오른 냉전은 본연의 냉혹한 묵시록을 완결시키지 못한 채 여전히 열기를 뿜어내고 있다.

3 장
—
떠 도 는 혼 령 들

평화가 오면 뭘 해.

그것도 우리 형제의 피와 살로 이루어졌는데,

이제 그들은 이렇게 뼈만 남았잖아.

살아야 할 사람들만 죽어서 밀림에 버려진 꼴이지.

|

바오닌Bao Ninh, 『전쟁의 슬픔*The Sorrow of War*』(1994)

2004년에 개봉한 공수창 감독의 공포영화 〈알포인트〉는 베트남전쟁에 대한 통상적인 인식에 비해 매우 색다른 장면들을 펼쳐준다. 전쟁 막바지에 이르러 실종자 수색의 임무를 띠고 군사지역 로미오 포인트, 즉 R 포인트에 맹호부대 소대원들이 파견된다. 베트남 역사의 한이 서려 있으며 침략군의 무덤으로 알려진 그곳에서 병사들은 결코 보지 말아야 할 것과 끊임없이 마주치게 된다. 부상당해 피 흘리는 무언의 베트콩 처녀, 불귀不歸라는 불길한 글귀가 담긴 비석, 그곳까지 동행하지 않았으나 도착시에 함께 기념촬영을 한 전우, 어딘가에서 갑자기 나타나 불길한 말을 던지는 미군 병사들, 무전기로부터 끊임없이 울려오는 부르짖음, 그리고 하얀 아오자이를 입은 처녀… 알고 보니 이들은 모두 이승으로부터 찾아온 원혼들이었다. 베트남전을 통해 죽임을 당하고 버림받은 존재들이 귀환하여 현실에 복수를 감행한 것이다. 파견된 9명의 병사 중에서 결국 눈에 부상을 입은 한 사람만 남기고 모두가 죽는다.

우리사회에서 베트남전이 여전히 죽음을 불사한 영웅들의 무용담으로 기억되고 있다면, 이로부터 배제되고 억압된 기억들은 화려한 무용담들의 틈새에 잠복하여 순간순간 역전의 기회를 노린다. 마치 귀신이 출몰하듯이, 우리를 놀라게 하는 의외의 계기가 심심치 않게 찾아온다. 예컨대 자신이 고엽제 피해자임을 알게 되는 순간, 혹은 미국이 제공한 전투수당의 상당 부분을 우리 정부가 가로챘다는 사실을 눈치채는 순간, 왕년의 영웅들은 비로소 자신이 가해한 희생자들과 마주하게 된다. 그리고 그들 자신도 피해자였음을 자각하게 되면서 비로소 반공주의나 애국심이라는 선잠에서 깨어난다. 아니 어쩌면 그것은 더 깊은 잠에 빠져드는 것일 수도 있다. 마치 꿈속에서처럼 가해자와 피해자, 산 자와 죽은 자, 숭고한 이념과 천박한 욕망이 한데 뒤엉킨 아수라장이 펼쳐진다. 진실을 기억하고자 몸부림침으로써 우리는 과거라는 깊은 수렁에 빠져든다.

양민과 베트콩 사이에서

우리가 사는 세상은 우리가 믿고 있는 것보다 훨씬 복잡하고 미묘하다. 어떤 사태든 진실은 하나가 아니며 늘 여러 각도로 굴절된 채 드러나게 마련이다. 단순한 선악의 이분법은 선전문구로나 그럴듯할 뿐, 살아가는 것만으로도 버거운 우리의 현실에는 전혀 부합하지 않는다. 베트남의 정글 속을 실제로 누비던 장병의 입장이나 전쟁의 참화에 시달렸던 평범한 주민의 입장에서 보자면 '반공 성전'이니 '자유의 십자군'이니 하는, 아니면 반대로 '무고한 양민' 운운하는 얘기는 극히 피상적일 뿐이다. 그것은 절망의 나락 속에 가끔씩 빛을 던져주는 자기 위안으로서만 기능할 뿐이다. 물론 잠시의 만족감은 뼈아픈 기억과 맞부딪쳐 이내 빛을 잃곤 하지만 말이다.

냉전의 폭력성은 물리적인 차원에서만 자행된 것이 아니라 인간의 기억을 말살하거나 억압하는 차원에까지 미친다. 생생한 가해와 고통의 기억이 전혀 색다른 현실 논리 앞에서 위축되어 정당한 발언권을 박탈당하는 것이다. 선진사회와 저개발사회, 서구세계와 비서구세계, 제국주의 강대국과 식민지 약소국 간의 각자 상이한 대립양상, 또한 저마다의 내부에서 벌어지는 다양한 이전투구는 자유진영과 공산진영이라는 냉전적 이분법으로 환원될 수 없는 매우 복잡한 갈등관계를 이루고 있으나 결국 그러한 이분법으로 재단되고 변조되고 억압된다. 무자비한 폭력의 희생자들은 각각의 고유한 맥락과는 상관없이 '빨갱이'와 '양민' 중 하나로 호명된다. 세계 어디나 통용되는 단일한 구도를 만들어냈다는 점에서 냉전은 확실히 전 지구적 보편성을 갖는다.

베트남전 기간 동안 미군이 베트남 땅에 쏟아 부은 폭탄이 600만 톤을 훨씬 웃돈다는 통계가 있다. 이는 제2차 세계대전 동안 미군이 전 유럽과 아시아에 투하한 폭탄 양의 거의 3배에 달한다. 여기에다가 광범한 고엽제 피해까지 더한다면 "베트남을 석기시대로 되돌려놓겠다"던 미국 군부의 위협은 허장성세만은 아니었던 셈이다. 그런데 이와 같은 이른바 '초토화' 전략은 미국 입장에서는 공산주의 세력에 대한 마땅한 응징이었겠으나 당하는 입장에서는 자유진영의 공세가 아니라 인간 존엄성에 대한 심각한 도전이었다. 실제로 미군은 베트남인을 포함한 동아시아인을 머리가 밋밋하다는 의미로 '슬로프헤드Slopehead'라고 불렀고, 이들 머리 위에 폭탄을 투하하던 헬리콥터 조종사들은 자신의 헬기에 '슬로프 헌터Slope hunter'라는 애칭을 붙였다고 한다. 바로 이와 같은 반인류적 행태에 대한 도덕적 분노가 부지불식간에 피해자들 모두를 한데 묶어 '무고한 양민'으로 규정하는 오류를 초래했다. 이는 도덕적으로는 옳은 판단일지 모르지만 사실상 냉전의 이분법을 거꾸로 세워놓은 것에 지나지 않는다. 피해 당사자에게 절실한 것은 빨갱이 대신 양민, 악 대신 선의 지위가 아니라 그들 고유의 목소리와 기억을 되찾는 일이다.

여태까지 대한민국 국군의 공식 입장은 한국 파월군의 무력사용이 모두 정상적 전투행위였으며 한국군에 의해 살상된 자들은 양민이 아니라 베트콩이라는 것이다. 1970년 2월 말에 미국 상원의 이른바 '사이밍턴 청문회'에까지 의제로 올랐던 한국군의 민간인학살은 자료적 증거에 있어서나 정황 증거로 보나 애써 눈과 귀를 틀어막지 않고서는 부인하기 힘들다. 그러나 퐁넛·퐁니 마을에서의 학살에 대한 해명을 요구받은 주월 한국군사령관 채명신 장군은 모든 것이 연합군을 분열시키려는 "베트콩의 음모"일 뿐이라고 미군 측에 답했다. 베트콩이 아군 복장을 하고 꾸민 사건이라는 것이다. 이에 더하여 채 장군은 민간인피해가 우려되는 마을 수색에서 주민들과 신뢰를 쌓아간 것이야말로 한국군이 거둔 가장 큰 전과라고 자랑하기까지 했다. "한국군은 적대행위를 하는 적하고만 싸운다."

채명신 장군은 초대 주월 사령관으로 봉직하면서 최소한의 희생으로 최대한의 전과를 얻는다는 원칙을 남달리 강조해온 인물이다. "100명 베트콩을 놓치더라도 1명 민간인을 죽이지 마라"고 한 그의 지시는 전 장병에게 철칙으로 받들어진 것으로 알려져 있다. 채 장군은 귀국한 후에도 박정희 유신정권과 거리를 두며 정치군인의 길을 걷지 않았고, 유언

에 따라 서울 현충원의 장군묘역이 아닌 사병묘역에 묻힐 정
도로 강직했던 '참군인'이었다. 그가 안장된 월남전 파병용사
제2묘역의 묘비에는 "그대들 여기에 있기에 조국이 있다"는
문구가 새겨져 있다. 이러한 인물이 단순히 거짓말을 했으리
라고는 믿기지 않는다. 오히려 분명해지는 것은 최고사령관
에서부터 말단 장병에 이르기까지 관철되었던 어떤 선입견이
다. 세상을 우리 편과 저쪽 편, 선과 악으로 나누는 편파적인
방식으로 보면 명백한 사실도 아전인수 격으로 보이게 된다.
베트콩이기에 죽인 것이 아니라 아군에게 죽었으면 베트콩인
것이다. 만약 베트콩이 아닌데도 무고한 죽임을 당했다면 가
해자는 아군일 리가 없다.

　　이러한 일방적인 시각은 참전 초기에 빈딘성 푸깟Phu Cát
현에서 벌어진 전투에 대한 맹호부대 소속 한 중대장의 증언
에서도 여실히 드러난다.

> '10명의 베트콩을 놓치는 한이 있더라도 한 명의 양민을
> 보호하라'는 우리의 대민 자세와 동방예의지국의 범절을
> 갖춘 우리 군대의 따듯한 온정으로 첩보 제공에 솔선하는
> 난민 및 베트콩 추종자들이 늘어남에 따라 재구2호 전투
> 는 예상 외로 좋은 성과를 거두었습니다. 이에 따라 재구
> 부대가 작전을 마치고 철수할 때에는 전 주민이 계속 주

둔할 것을 요청하고 연판장을 돌리는 사태에 직면하여…

(국방부 군사편찬연구소 2001, 292쪽)

우리 군대의 따뜻한 온정과 베트남 주민이 돌렸다는 연판장의 사실성 여부는 여기서 별로 중요하지 않다. 설령 그것이 사실에 부합하더라도 낱개의 사실이 사안의 '진실' 전체를 대변할 수 없다는 게 문제다. 국내에서의 파월 교육 중 부하가 잘못 던진 수류탄을 안고 산화한 고 강재구 소령의 이름을 딴 '재구부대'는 그 명칭에서부터 선명한 군인정신을 표방하고 있기에 사태를 바라보는 시각도 늘 '모 아니면 도'였으리라고 충분히 짐작된다. 그렇지만 과연 베트남의 마을 주민이 정말로 선량한 주민, 즉 '양민'과 사악한 베트콩으로 나뉠 수 있었을까? '양민'이라는 표현에는 만약 그들이 베트콩이라면 잔혹하게 다루어도 무방하다는 전제가 깔려 있다. 물론 양민을 민간인이라는 용어로 대체한다고 해도 변할 건 없다. 우리는 피해자들이 실제로 양민(민간인)이었나, 아니면 베트콩이었나를 따지는 데 주력하기보다는 오히려 그러한 물음의 암묵적인 전제를 문제 삼을 필요가 있다.

마을 주민들은 사실상 베트콩과 양민, 둘 중의 아무것도 아닐 수 있고 동시에 둘 다일 수도 있었다. 소수의 사악한 베트콩이 양민을 위협하거나 물들인다는 발상도 잘못이지만,

정반대로 전 베트남 민족이 총단결하여 벌이는 '인민해방투쟁'이라는 사회주의적 교의도 진실과는 거리가 멀었다. 마을 사람들이 베트콩을 숨겨주고 지지했다면, 그것은 오랜 전통에 뿌리를 둔 공동체적 협동심과 외국인에 대한 배타심에서 비롯된 것이지 반드시 사회주의 이념을 추종했기 때문은 아니었다. 물론 경우에 따라 차이는 분명히 있었다. 미군과 남베트남군이 만든 전략촌에 입촌하는 주민과 이를 거부하고 기존 마을에 남은 주민은 확실히 성향이 달랐다. 기존 마을은 항상 의심의 눈총을 받게 마련이어서 혁명활동을 하는 젊은이들이 거주하기에는 적합하지 않았기에 결국 노인과 부녀자, 그리고 어린이들만 남게 되어 학살에 더욱 쉽게 노출되었다. 베트남 전문가 김종욱의 실증적 연구에 따르면, 예컨대 퐁넛·퐁니 마을은 미군이 만든 전략촌에 맞서는 '전투촌'이 인근에 설립되었을 만큼 혁명적 열기가 강한 곳이었다. 무고한 희생양이라는 평가는 주민 모두가 베트콩이었다는 주장만큼이나 진실과 거리가 멀다.

지역마다 상이한 정치 성향을 단순한 분류법으로는 포착하기 힘들었다. 1950년대 후반부터 남베트남 행정당국은 남베트남 국민 전체를 공산주의 성향의 강도에 따라 A, B, C 집단으로 분류했으나 이러한 엉성한 방식으로는 지역의 사정을 속속들이 파악할 수 없었다. 친미 부역자들의 나라인 베트남공화국에는 사실상 친미·반미의 2개 정권이 공존하는 상태였으며, 이 중에서도 특히 한국군이 책임지던 중부 베트남 지역의 주민은 행정적으로는 베트남공화국에 속했을지라도 남·북베트남 모두의 국민이자 포섭 대상이라고 할 수 있었다. 따라서 마을의 정체성은, 한국전쟁기의 남도에서도 그러했듯이 밤낮으로 달랐다. 엄혹한 시절에 살아남으려면 주야로 얼굴을 바꾸며 어디든 잘 협력해야 했다. 인류학자 권헌익은 이처럼 상반되는 정체성들이 꼬리를 물고 이어지는 양상을, 남아메리카 문학가 가브리엘 가르시아 마르케스Gabriel Garcia Marquez의 용어를 빌려 '마술적 리얼리즘'이라고 표현한 바 있다.

아직도 막강한 냉전체제의 이단심문적 논리는 마술적 리얼리즘을 용인하지 않는다. 냉전이 지닌 폭력성은 전시의 물리적 폭력만이 아니라 인간의 정신적 자유를 지속적으로 억압한다는 데 그 심각성이 있다. 가해자의 기억은 물론, 피해자의 기억마저 냉전이 구축해놓은 이분법적 구도를 좀처럼 벗어나기 힘들다. 냉전의 피해자들은 자신의 고통에 대한 정치·사회적 인정을 얻으려면 혁명전사로 칭송받든지 아니면 무고한 양민으로 동정표를 얻어야 한다. 냉전의 구렁텅이에서 벗어나기 위해서는 그 꺼림칙한 표면을 밟고 올라서지 않을 수 없는 것이다. 그렇지만 그들의 정치 성향을 어떻게 규정하든 간에 평범한 베트남 국민이 겪은 미증유의 고통 자체가 줄어들지는 않는다. 가해자 측에서 아무리 '빨갱이'나 '베트콩'의 책임을 들먹이더라도, 군인과 민간인을 막론하고 베트남인 전체에 대한 엄청난 살육을 자행한 사실 자체는 변하지 않는다. 피해자들은 여전히 냉전의 폭력에 시달리고 있다. 그들의 고통은 가해자들에 의해서뿐만 아니라 그들의 조국에 의해서도 잊히고 배제되고 왜곡되어왔다. 고통 받은 이들의 고통이 지속되는 한, 냉전은 결코 종식된 것이 아니다.

고통의 기억, 기억의 고통

주월 미군총사령관 윌리엄 웨스트모어랜드William C. Westmoreland 장군은 공산주의 게릴라를 쫓아낼 수 있는 방안으로 전략촌과 기존 마을 사이에 자유발포지역을 설정해 이 지역 안에서 움직이는 것은 무엇이든 쏠 수 있도록 조처했다. 마을 주민에게는 결단이 남았다. 위험을 감수하고 조상의 묘지가 있는 고향땅에 눌러 살 것인가, 혹은 체면불고하고 전략촌으로 옮길 것인가, 아니면 기꺼이 인민해방전선에 나설 것인가? 이러한 선택은 동족으로부터도 강요되었다. 외국놈들 앞에 무릎 꿇고 목숨을 구걸할 것인가, 아니면 조국의 해방을 위해 한 목숨 바칠 것인가?

약소국의 헐벗은 인민을 유린한 강대국의 불의에 대한 끓어오르는 도덕적 분노와 새로운 세상에 대한 정치적 열망이 역설적으로 동족에 대한 억압을 초래했다. 민족적 대의를 거스르는 부역자들은 반드시 색출하여 처단해야 했다. 1968년 1월 말 '구정공세' 기간에 중부지역의 고도古都인 후에Huê에서는 월맹 정규군에 의해 시민들이 집단학살당하는 사건이 발생했다. 이 도시를 접수한 인민위원회가 베트남공화국 관리와 군인만이 아니라 민간인까지 포함하여 1만 명 이상의 '반동분자'를 구금하고 5,000여 명을 학살한 것으로 알려져 있다. 한국전쟁 때와 마찬가지로 베트남전에서도 점령세력이 밤낮으로 뒤바뀌는 상황이 이어졌고 이 과정에서 동족 살상의 비극이 수없이 발생했다. 어느덧 혁명의 대의는 뒷전으로 밀려나고 원한과 폭력만이 난무하게 되었던 것이다. 이처럼 냉전의 주변부에서 벌어지는 전쟁은 뚜렷한 이념보다는 혼돈이 지배했다. 사실상 선전포고나 개전과 종전의 의례도 없었던 베트남전쟁은 적과 아군이 불분명할 뿐만 아니라 전투와 일상, 기억과 기대, 진실과 믿음이 뒤엉켜 있었다. 소설가 황석영은 『무기의 그늘』에서 말한다. "베트남 사람들의 피에 젖은 입술은 굳게 다물어져 있고, 그 침묵이 아메리카의 모든 허위와 가공의 꿈들을 냉소하고" 있었다.

황석영이 말하는 '모든 허위와 가공의 꿈'에는 베트남인에 대한 고정관념도 포함된다. 미군이 만들어낸 '베트남인=베트콩'이라는 고정관념은 그들의 적에게도 '베트남 민족=인민전사'라는 당위로 고스란히 전이되었다. 그러나 실제의 베트남 사람들은 가끔은 베트콩으로 처신하다가 피해자의 얼굴로 바뀌기도 했으며, 평범한 농민이자 민간인인 동시에 그것이 아니기도 했다. 이러한 두 얼굴이야말로 그들에게 자행된 수많은 학살의 원인이기도 했다. 들불처럼 번진 부조리한 폭력의 '희생자'들을 느닷없이 숭고한 '희생'을 바친 영웅으로 둔갑시킨 것은 전후의 정치적 필요성이었다. 어두운 고통의 존재는 밝은 미래의 전조로서 활용성이 높았다. 지난 고통의 세월이 참담하게 느껴질수록 통일된 베트남사회주의공화국의 역사적 정당성이 더욱 부각될 수 있었다. 그러나 가히 그리스도의 수난과 부활을 연상시키는 인간적 고통의 승화는 사실은 정치적 목적을 위한 윤색이었을 뿐이다. 따라서 한국군에 의해 학살된 '양민' 대부분이 '인민' 전체로서는 칭송되었음에도 불구하고 개개인으로서는 잊히고 방치되었던 것은 전혀 놀랄 일이 아니다. 공식적으로 인정받은 '혁명열사'들의 경우와는 달리, 억울하게 희생당한 이들을 위한 자리는 마련되지 않았다.

옛 학살지에서 유령이 출몰한다는 소문이 돌게 된 것은

이러한 맥락과 무관하지 않다. 위대한 영웅과 비겁한 부역자 사이에서 부유하던 민초들은 죽어서도 제자리를 얻지 못하고 떠돌다가 순간순간 존재감을 드러내는 것이다. 이승을 떠도는 귀신이 요구하는 것은 고인에 대한 최소한의 존중과 애도이다.

「한겨레」의 2017년 4월 8일자 기사에서 소개된 '베트남 귀신 쌔'는 유령의 발언권을 보여주는 전형적인 사례이다. 베트남 중부 퐁륙 마을에서 부잣집 식모살이를 하던 40세 여인 쌔는 1968년 2월 12일 괴룡1호 작전을 수행하던 청룡부대가 들이닥치자 방공호에 숨었다가 이내 발각되어 본인은 물론 자식과 여동생 등 가족 8명이 몰살당했다. 마침 외출중이라 목숨을 구한 남편이 시체들을 수습하여 논두렁 옆 들판에 묻었고, 20년이 지나 민물메기의 소굴이 된 가족묘를 이장했다. 쌔와 가족들이 숨었던 빈집은 이후 사람이 살다가 버려져 흉가로 전락했는데, 원통한 귀신들이 출몰한다는 소문이 돌았다. 죽기 전이나 죽은 이후에나 사회의 주변을 맴도는 쌔 가족의 넋이 공포의 힘을 매개로 자신의 권리를 주장했던 셈이다. 그 권리는 다름 아닌 기억될 권리이다. 유령이 실제로 출몰했든 출몰하지 않았든 간에, 적어도 그 소문만으로도 쌔는 권리를 얻었다. 쌔 사후에 남편의 후처가 낳은 자식들이 사건 발생 40여 년 만에 드디어 묘를 단장하고 비석을 세웠다.

말 없는 고인에게 기억될 권리를 부여하는 것은 대체로 진실의 힘이 아니라 정치·사회적 힘이다. '혁명열사'에 대한 국가적 기념행사가 전형적으로 보여주듯이, 현재의 필요성이 과거의 의미를 창조한다. 지배권력의 공고화를 위해 그다지 영웅적이지 못한 고통에 대해서는 사회 전반적인 '침묵의 공조'가 이루어진다. 이러한 편파적인 기억의 신뢰성에 이의를 제기하는 것이 바로 '증언'이다. 증언은 억압되어온 고통의 기억에 권리를 부여하는 행위다. 진실을 기억한다는 것은 그것만으로도 무척 고통스러운 일이다. 증언은 제도화된 국가적 '기념'에 대한 도전으로 등장했다. 홀로코스트Holocaust와 원폭 생존자들의 증언을 시발점으로 1990년대부터 세계 곳곳에서 각종 대량학살, 전시의 강제징용 및 성범죄, 독재 치하의 인권탄압 등에 의한 피해자들이 오랜 침묵을 깨고 고통의 기억을 세상에 드러냈다. 그들의 증언 행위는 지배세력의 역공세나 사회적 멸시 등 또 다른 고통을 감내하는 일이었다. 1991년 자신이 옛 일본군 위안부 피해자라고 공개적으로 밝히고 나선 김학순 할머니의 증언은 이후 얼마나 많은 고뇌와 영감, 또한 논란을 불러일으켰던가. 어쩌면 유령의 출몰도 일종의 증언, 그중에서도 가장 처절한 증언이라고 할 수 있다. 그것은 고통을 증언할 기회마저 상실해버린 타인의 목소리를 담고 있다. 우리를 뼈저리게 부르는 목소리가 우리에게 그간

잊었던 책임을 환기시킨다.

　그런데 유령의 울부짖는 목소리는 예사로운 말로는 담아낼 수 없다. 진실은 필설로 다할 수 없는 법이다. 아마도 귀신의 언어를 풀어내는 것은 문학에 맡겨진 역할일 것이다. 칠흑 같은 밤에 햄릿 앞에 나타나 원통함을 호소했던 부왕의 유령처럼, 문학이란 원천적으로 국가와 사회의 지배적인 기억으로부터 배제되어온 피맺힌 혼령의 증언이다.

　베트남의 대표적 작가 바오닌의 소설『전쟁의 슬픔』은 문학의 이러한 정의에 걸맞은 작품이다. 베트남전을 배경으로 한 이 소설은 "전쟁이 끝난 평화의 시대가 그 잔인하고 끔찍했던 전쟁의 시대보다 무엇이 나은가?"라고 도발적으로 묻는다. '조국해방전쟁'을 부정적으로 그렸다는 점 때문에 1990년 이전에는 정치색을 덜어낸『사랑의 숙명』이라는 제목으로 베트남에서 발표되었다가 1994년에 우리가 아는 제목으로 영어번역본이 출간되었다. 이 책은 실제의 전쟁영웅에 의해 쓰였으나 무용담은 아니며, 평화주의의 복음서는 더더욱 아니다. 바오닌은 1969년 입대해 월맹군 제27청년여단에서 복무하며 베트남 해방투쟁의 선봉에 섰던 인물이다. 초기 500여 명의 부대원 가운데 끝까지 살아남은 10명 중 한 사람이다. 스스로는 불사신 같은 존재였으나 "다른 사람을 살리기 위해 한 사람이 쓰러져야 한다는" 부조리를 도저히 수긍할 수가 없었던 그는 자신의 고뇌를 이 작품의 주인공인 끼엔의 허무주의에 투영시켰다. 월맹 용사 출신으로 고통의 기억에 붙들려 단조롭고 우울한 나날을 이어가는 끼엔에게 조국의 빛나는 승리 따위는 아무런 의미도 없었다.

우리들 개개인은 전쟁에 의해 각자의 방식으로 파멸되었다. 개개인이 마음속에서 개별적인 전쟁을 시작한 날부터 공통의 전투와는 전혀 다른 싸움을 따로 하게 되었다(바오 닌 2012, 324쪽).

끼엔은 목숨을 걸고 싸웠지만 결국은 모든 것을 잃었다. 사랑하는 사람도, 밝은 미래의 꿈도, 세상에 대한 믿음도 모두 연기처럼 사라져버렸다. 그에게 남은 것이라고는 오로지 영혼 깊숙이 드리워진 죽음의 그림자뿐이다. 그는 죽은 자들을 잊지 못한다.

밀림의 한가운데 음습한 땅 속 깊숙한 곳에서 그들은 그저 하나의 운명일 뿐이다. 영웅도, 비천한 자도, 용감한 자도, 비굴한 자도, 살 가치가 있는 자도 죽어 마땅한 자도 없었다. 어떤 이는 이름만이 거기에 남아 있고, 어떤 이는 그마저도 세월에 씻겨 사라져버렸고, 어떤 이는 한 줌의 뼈와 걸쭉한 흙으로 고여 있을 뿐이었다(바오닌 2012, 40쪽).

진실을 기억한다는 것은, 망자의 목소리를 경청한다는 것은 얼마나 고통스러운 일인가. 그래도 어찌하랴, 살아남은 사람들은 어차피 진정한 증인이 아니다. 눈속임이나 요령, 혹은 행운에 의해서 목숨을 건진 자들이다. 진실의 심연에 도달한 사람들은 이미 증언하기에는 너무 먼 길을 떠나버렸다. 아우슈비츠 수용소의 생존자로서 이른바 '수용소 문학'의 대가인 작가 프리모 레비가 토로했듯이, 진실을 대변할 수 있는 것은 오직 죽은 자들뿐이다. 회고록 『안케패스 대혈전』에서 저자 김영두는 말한다. "잘 싸운 전우들은 모두 전사하고 말이 없다. 구경꾼들이 오히려 수많은 이론과 원칙을 내세워 비판하고 작전을 폄하하고 있다"(김영두 2011, 머리말).

진실은 어떤 정답이 아니라 진실에 대한 갈망 그 자체에 드리워져 있다. 혼령의 그늘에 휩싸여 날로 피폐해져가는 주인공 끼엔처럼 기억의 고통을 감수하는 이에게만 진실은 조금씩 말을 건넨다. 이렇게 볼 때, 나만이 진실을 알고 있으니 너희는 입을 다물라는 불통의 태도는 진실을 포기하는 자세와 다를 바 없다. 참전용사라고 해서 전쟁의 진실을 독점하려 해서는 안 된다. 물론 고통의 기억을 그만 잠재우고 기억하는 고통도 애써 감내할 것 없이, 오로지 새로운 현실을 개척하는 데 매진하자는 발상은 더더욱 문제다. '과거를 딛고 미래로 가자!' 변화된 세계질서 안으로 진입하고자 이런 슬로건을 내건 베트남 정부는 현명할지는 모르지만 비정하기 그지없다. 끼엔은 한숨짓는다. "이러한 평안한 삶과 평온한 하늘과 고요는 얼마나 기괴한 역설인가"(바오닌 2012, 266쪽).

고통과의 대면은 부질없는 집착이 아니라 실로 인류문명의 근간이다. 역사상 존재했던 모든 고등문명의 기저에는 망자에 대한 부채의식이 깔려 있다. 불의의 사고, 전쟁, 학살, 암살, 자살, 역병 등 갖가지 이유로 원통하게 죽어간 타인에 대한 절절한 회한이 살아 있는 이들로 하여금 속죄의 일환으로 정신적 보상물을 창조하게 했다. 정신분석학의 창시자 지크문트 프로이트Sigmund Freud는 그의 마지막 저작『인간 모세와 유일신교Der Mann Moses und die monotheistische Religion』에서 그리스도교의 기원을 바로 이러한 방식으로 설명했다. 그의 독특한 해석에 따르면, 구약성경의 핵심인물인 모세는 사실은 이집트인이었다. 그는 세계제국으로 도약하는 이집트를 태양신 아톤을 중심으로 한 유일신교 체제로 개혁하려던 이크나톤 왕의 열렬한 지지자였는데, 이 개혁이 실패로 돌아가자 이상을 부흥시킬 새로운 주체로 당시 이집트 내의 소수종족이던 유대인을 선택하여 이들을 이끌고 시나이반도로 건너갔다. 새로운 땅 가나안에서 유대 종족은 자유를 얻고 현지의 미디아족과 합쳐져 제법 강성해졌는데, 기고만장해진 나머지 모세의 권위에 도전하게 되고, 결국 그를 척살하기에 이른다. 곧 후회하게 된 유대인들은 모세의 이상이었던 유일신교를 부활시킴으로써 속죄하려 한다. 특히 레위 지파를 중심으로 미디아족의 무시무시한 화산신인 야훼를 받아들여 유일신으로 모시게 된다.

여기서 프로이트가 전개하는 논리는 기본적으로 정신분석학적이다. 유대인은 자신들의 구원자 내지는 지도자를 죽인 죄를 뉘우치며 그 정신적 보상책으로 절대적인 권위를 지닌 유일신교를 창조했다. 십계명과 같은 도덕적 금기를 절대시하는 야훼 신앙, 그리고 그것이 진화된 형태인 그리스도교는 일종의 '아버지 살해'에 대한 극심한 죄책감이 절대적인 권위의 구원자, 즉 메시아에 대한 강박신경증적인 집착으로 전환된 것이다. 프로이트의 시각에 따르면 종교를 위시하여 철학과 예술 등 인간이 창조해낸 모든 신성함의 뿌리에는 강박적인 무의식이 내재되어 있다. 억압된 욕망과 망자에 대한 죄책감이 부지불식간에 이집트인 모세를 가장 위대한 유대인 선지자로, 인간 모세에게 선택된 유대 종족을 신의 선민으로 탈바꿈시켰던 것이다. 우리는 프로이트의 독특한 해석을 전부 수긍할 필요는 없다. 그렇지만 적어도 불편한 진실에 다가

서려는 그의 치열함만큼은 높이 살 만하다. 프로이트가 염두에 둔 역사적 진실이란 표면적으로 드러난 사실이 아니라 오히려 사실 속에 억압되어 있는 것, 일상의 한구석에 잠복해 있다가 반복적으로 출몰하는 유령의 흐릿한 그림자와 같은 것이라고 할 수 있다. 그것은 근본적으로 사라진 타자의 흔적이다.

원통하게 죽어간 타인에 대한 인간적 감정이 인류문명의 원천이라면, 이에 대한 가장 뚜렷하고 원초적인 증거의 하나가 바로 뱀 숭배이다. 성경 창세기로부터 북미대륙 원주민들의 신화에 이르기까지 인류문명 전체에 걸쳐 광범하게 퍼져 있는 뱀 숭배는 오랜 진화과정 중에 인간 종의 뇌리에 각인된 원초적 공포심과 비애의 발로이다. 예컨대 북미 원주민의 제의 용품인 지팡이를 감아 올라가는 뱀의 형상은 인간의 깊은 고통과 비극적 죽음을 상징한다. 그러나 그것은 동시에 껍질을 벗고 늘 새롭게 탄생하는 불멸의 상징이기도 하다.

이와 같이 고통과 구원의 메시지를 동시에 주는 뱀의 도상은 서구문명에서 고유한 종교적·예술적 표현을 얻는다. 16세기 초 이탈리아 로마의 포도밭에서 우연히 발견된 고대 헬레니즘 시대의 대리석 조각품 〈라오콘〉은 뱀 숭배의 인류학적 유산을 최상의 예술적 형태로 승화시킨 사례이다. 라오콘은 원래 그리스 비극에 나오는 트로이의 성직자로, 트로

라오콘(바티칸 미술관 소장)

이 성 안에 목마를 들여보내려는 신들의 계략을 눈치챈 죄로
미움을 사서 결국 신들이 보낸 거대한 뱀의 공격을 받고 자신
의 두 아들과 함께 살해당한다. 고대 로마 시인 베르길리우스
Publius Maro Vergilius의 대서사시 『아에네이스*Aeneis*』에 나온 이야
기를 통해 서구세계에 익히 알려졌던 라오콘은 16세기에 조각
품이 발견된 이후 수많은 예술적·지성적 영감의 원천이 되었
다. 뱀이 라오콘과 그의 아들을 뜯어먹는 기막힌 장면을 재현
했음에도, 여기서 고통은 너무도 장엄하게 묘사된다. 18세기
독일 미술사가 요한 요아힘 빙켈만Johann Joachim Winckelmann

은 이 조각상에 대해서 "가장 큰 고통이 서린 곳에서 또한 가장 큰 아름다움이 발견된다"고 극찬한 바 있다. 그에 따르면 "육체의 고통과 영혼의 위대함"을 표현한 이 작품은 인간의 존엄성에 대한 최상의 찬사이다.

라오콘 조상에서 예술적으로 승화된 뱀 도상은 그리스도교라는 구원종교에서 실낙원 이야기의 형태로 변주된다. 인간을 유혹하는 사악한 뱀은 인간을 구원하려는 신의 숭고한 계획을 실현하는 도구로 자리매김된다. 그런데 이와 같은 죄악의 승화는 어딘가 현실과 유리된 듯하다. 그것은 무언가 뼈아픈 치부를 애써 감추려는 듯 보인다. 빙켈만의 말을 뒤집어본다면, 가장 큰 아름다움과 신성함이 찾아지는 곳에 사실은 가장 극심한 고통과 절망의 자취가 서려 있다.

울부짖는 과거

여기 한 장의 사진이 있다. 배경은 베트남의 한적한 농촌이다. 농토의 한구석 그늘진 곳에 놓인 비석이 정면에서 우리를 응시하고 있다. 아주 단순한 형태를 지닌 비석은 기단 위에 불탑의 탑신처럼 보이는 직사각형 돌을 세우고 그 위에 향로를 받치는 굄돌을 올렸다. 전체적으로 베트남과 서양식 묘

꽝응아이성 빈선현 빈호아사 꺼우이 마을의 증오비(이재갑 작가 제공)

비가 절충된 듯 보인다. 비석의 중앙에는 검은 바탕의 금속 패널을 부착해 비문을 실었다.

이곳에서 1966년 12월 6일 남조선 병사들이 무고한 민간 인 131명을 학살하였다.

이것은 베트남 중부 꽝응아이성 빈호아사의 작은 마을 빈터에 놓인 '증오비'이다. 영어로는 'stone of fury'라고 번역 되기도 하는 이 고유한 범주의 추모비는 베트남전의 전례 없는 폭력성이 남긴 유산이다. 한국군이 사람들을 죽이고 나서 시신을 우물 속에 던져버렸던 그날을 잊지 못하는 이 마을 주민들은 아직도 30분 거리에 있는 다른 마을의 우물물을 길어다 먹는다고 한다. 그럴듯한 영생과 부활의 메시지라고는 아무것도 없이 오로지 기억의 의무만을 환기시키는 돌덩어리… 비석의 맨 위에 덩그러니 얹혀 있는 향로가 마치 망자의 소리를 수신하려는 안테나처럼 보인다. 이 사진은 절반 이상이 그늘져 있다. 구름은 끼었지만 밝은 날인데도 길게 그림자를 드리운 사당나무 가지가 성황당의 분위기를 연출한다. 비석은 침울하게 서 있다. 그 옆에 어슴푸레하게 어린이의 혼령이 모습을 드러낸다.

사진은 대개 우리에게 진실을 있는 그대로 보여주는 듯한 착시를 일으킨다. 예컨대 얼굴의 주름까지 정확히 담아내는 사진은 실재의 재현임을 의심할 여지가 전혀 없어 보인다. 그러나 그러한 사실성이란 실은 고분 속 미라를 감싼 낡은 천과 같은 것이다. 퇴화되었음에도 형체를 고스란히 간직한 아마포는 세월을 이겨낸 과거의 힘을 웅변하지만, 정작 그것을 벗겨내면 드러나는 것이라고는 형편없이 쪼그라든 시체뿐이다. 사진이 보여주는 것은 고작 사실의 부스러기일 뿐이다. 사각 프레임 속의 사물과 인간은 맥락을 결여한 존재이다. 고인의 영정처럼, 사진 속 증언자는 아무 말이 없다. 다만 아주 가끔씩이나마 우리의 시선을 정지시키고 마치 경련을 일으키듯 주변 사물을 무색하게 만들 뿐이다.

　확실히 사진은 회화에 비해 상상력의 여지를 적게 허용한다. 시스티나 성당의 천장을 수놓은 미켈란젤로의 〈천지창조〉 같은 장대한 시각적 드라마를 어찌 사진이 흉내라도 내겠는가. 과거로부터 떨어져 나온 한 조각의 사실이 마음껏 상상의 나래를 펼치려는 우리를 가로막는다. 물론 방해되는 부분을 삭제하거나 필터링하고 편집할 수 있겠지만 사진은 순전한 조작의 산물은 아니다. 음화陰畵라 불리는 사진의 원판에는 뒤집힌 명암으로 피사체가 자국을 남긴다. 아무리 현상과 인화의 과정에 조작이 가해지더라도 실재하는 무언가의 윤곽을 간직하고 있다는 점에서 사진寫眞은 말뜻 그대로 진실을 모사한다. 정겨운 사진 속의 한 귀퉁이에서 서서히 윤곽을 드러내는 낯선 존재는 우리의 편리한 의미 부여를 가로막는다. 사진 속에 포착된 과거는 기억 속에 간직된 과거와 유사한 양상을 지닌다. 우리의 기억은 아무리 자의적으로 편집된 이야기라도, 적어도 진실의 편린을 담고 있다. 정지된 한 컷의 장면이 불현듯 떠오를 때 오랫동안 잊고 있던 낯선 과거가, 그 불편한 진실이 모습을 드러내며 우리를 뒤흔드는 것이다. 사진은 진실 그 자체를 직접 보여주지는 않지만 적어도 진실을 환기시킨다.

그런데 우리 앞에 놓인 증오비 사진은 좀 더 복잡한 면모를 지닌다. 이 사진이 드러내는 과거는 실제로 발생했던 사건 그 자체는 아니고 오히려 그 사건에 대해 기억하던 과거이다. 이 사진은 사건이 발생했던 시점보다는 그것을 기억하던 시점에 대해 더 많이 알려준다. 따라서 사진 속 위령비가 기억하려 하는 사건은 이 사진 속에서는 직접 드러나지 않은 채 그저 암시되고 있을 뿐이다. 그렇지만 이 사진은 몇 겹으로 굴절된 형태로나마 우리에게 피맺힌 과거의 편린을 전해준다. 이상하게도, 저 증오비는 어딘가 영적인 기운에 휩싸여 있는 듯 보인다. 그곳은 과거를 재현하는 곳이기보다는 차라리 과거 스스로가 불쑥 찾아드는 곳, 마치 성황당처럼 귀신이 울부짖는 장소인 것이다. 우리는 순간 혼란스러워진다. 과연 우리가 이 사진을 보는 것일까, 아니면 거꾸로 이 사진이 우리를 바라보고 있는 것일까?

저 증오비는 고통을 증언하고 있다. 증오비가 말하는 방식은 아주 직접적이다. 억울한 죽음에 대한 분노를 여과 없이 표출하고 있다. 그것은 단지 후손이 조상을 기리며 행하는 위령慰靈이 아니라 망자가 직접 찾아와 표출하는 분노인 것이다. 이 사진은 귀신의 울부짖음을 고스란히 포착함으로써 우리로 하여금 피맺힌 과거와 직접 대면하게 만든다. 우리는 망자의 시선에 여지없이 사로잡힌다. 진실을 꼭 전해야겠다는 절박한 눈맞춤!

　　베트남전은 베트남의 민족사적 차원에서는 더할 수 없이 멋지게 끝났지만 전쟁의 참화에 시달린 개개인의 입장에서는 그렇게 멋지지만은 않았다. 전쟁을 승리로 이끌고 통일을 쟁취한 베트남에서 억울한 민간인들의 희생은 아무런 가치도 얻지 못했다. 외부로부터 강요된 냉전에 굴하지 않고 싸웠던 나라가 은연중에 냉전의 이분법 논리에 익숙해졌다. 이제 전후 모든 베트남인은 애국자와 부역자의 양측으로 분류되었다. 하나의 가족도 혁명영웅과 반혁명분자로 갈렸다. 이는 베트남의 전통적인 가족중심 추모문화를 와해시키는 일대 변혁이었다. 새로운 사회주의 정부는 조상숭배를 낡은 봉건적 유산으로 규정하고 척결하고자 했다. 그것은 1950년대 북베트남이 토지개혁의 일환으로 수행한 '문화전선에서의 사회주의투쟁'의 연장이었다. 전후의 통일된 베트남사회주의공화국에서 전쟁영웅과 전몰장병에 대한 국가적 차원의 기념은 전혀 부족함 없이 이루어졌던 반면, 익명의 주검이 뒤엉켜 묻힌 표지 없는 무덤은 철저히 외면당했다. 심지어 농업 생산의 증진을 위해 마을 땅을 정비하면서 깨끗이 밀어버렸다.

　　그렇다고 전통적인 추모문화가 원통한 죽음들을 끌어안지도 못했다. 인류학자 권헌익에 따르면, 유교문화권인 베트남에서 조상숭배는 가계와 무관하거나 집 밖에서 '객사'한 이들에게는 해당사항이 없다. 그것은 철저히 배타적인 문중의 일로서 현대적인 도덕과는 다른 인륜적 도덕성에 뿌리박고 있다. 산 자의 세계처럼 망자의 세계에도 확고한 질서가 존재한다. 집 안에서 정상적으로 이루어진 '좋은 죽음'은 성스러운 의례를 거치며 순수한 혼령을 육체로부터 이탈시켜 조상의 대열에 합류시키는 반면, 연고 없는 곳에서 갑작스럽게 맞이한 '나쁜 죽음'은 영혼이 육체를 떠나지 못하고 주검이 묻힌 장소를 배회하게 만든다. 이러한 발상에 따른다면, 전쟁 중에 집단적으로 학살된 이들은, 심지어 가족구성원이더라도 문중에 들어오지 못하고 족보에서 제외된다. 신원을 확인할 수 없는 시신들이야 더 말할 나위도 없다.

뿌리 깊은 전통문화와 혁명적인 민족국가 중 그 어느 쪽도 전쟁 중에 억울하게 죽은 자들의 기억을 환영하지 않았다. 새로운 사회주의공화국의 국가이념은 문중의 조상숭배라는 전통적 이념과 충돌했지만 시간이 흐르면서 가족적 계보와 애국적 영웅들의 계보가 자연스럽게 어우러졌다. 고대적 전승의 전설적 영웅, 항불전쟁의 영웅, 항미전쟁의 영웅, 그리고 문중의 조상이 국가의 이름 아래 하나가 되었다. 이러는 와중에 익명의 죽음들은 더더욱 잊혀갔다. 가까운 전장과 먼 전장으로부터 보내진 혁명열사들의 유해가 고향 한가운데 모셔질 때, 마을 사람들의 뒤엉킨 유골은 곧 논으로 개척될 장소에서 밀려나 외곽의 모래밭으로 옮겨졌다. 그리고 유령이 출몰한다는 소문이 여기저기서 들려왔다.

베트남 사람들이 전례 없는 '증오비'를 세운 것은 본능에 따른 것이었다. 당시 폐쇄적이던 추모문화의 울타리 밖에서 사람들은 배를 곯으며 맨손으로 비석을 세웠다. 남편과 부인, 부모와 자식, 사랑하는 사람과 정겨운 이웃을 잃은 슬픔과 분노가 마을 사람들이 손에 삽을 들게 만들었다. 그들은 망자에게 대체 어떠한 의미를 부여해야 옳을지 몰랐기에 다만 눈을 부릅뜨고 기억하기로 했다. 꽝응아이성 빈호아사 입구에 세워진 '한국군 죄악증거비'에 뚜렷하게 새겨진 글귀가 베트남인들의 결의를 보여준다. "하늘을 찌를 죄악, 만 대를 기억하리라." 1966년 12월 5일과 6일 양일간 청룡부대가 이곳으로 들이닥쳐 300명 이상의 주민을 학살했다.

베트남인들의 끓어오르는 감정과 자발적인 의지를 담은 증오비는 1980년대에 이르러 공식적인 '위령비'로 탈바꿈된다. 단지 명칭만이 아니라 형태도 변모한다. 격렬한 증오의 표현은 비석의 뒷면으로 옮겨지고 과거시제로 바뀐다. 증오 대신 화해가, 기억 대신 희망이 전면에 내세워진다. 이는 '과거를 딛고 미래로 가자'는 정부 방침에 따른 결과였다. 베트남 정부는 억울한 죽음들을 자랑스러운 민족사에서 탈각시키기를 원했다.

그렇지만 베트남전은 쉽사리 잊기에는 너무나 많은 익명의 죽음을 만들어냈다. 불의의 객사를 하거나 반동분자로 처단당한 친지의 넋을 기리는 행위는 국가와 사회의 기조에 반기를 드는 일이지만 현실적으로 도저히 회피할 수 없는 일이었다. 혁명열사의 정신을 계승해 번영하는 미래를 창조하자는 국가적 전망은 집단학살이라는 초유의 재앙 앞에서 대중적인 설득력을 얻기가 힘들었다. 지배적인 추모문화의 문밖에서는 초대받지 못한 이방인들이 계속해서 문을 두드렸다. 이들은 가끔씩 유령의 모습으로 나타나 국가적 기념의 편협성에 이의를 제기하고 마을 사람들에게 호통치면서 족보에 수용될 권리와 그럼으로써 후손들에게 인정받고 감화를 줄 권리를 요구했다. 인류학자 권헌익은 이들을 "정치적 유령"이라고 정의한다.

비유적인 의미에서나 실제적 의미에서나 그야말로 '떠도는 혼령'들은 제도권 정치의 경계선에서 베트남 국가와 사회를 좀 더 민주적인 방향으로 추동해냈다. 1990년대 들어 경제적 활력과 정치적 자유화의 흐름과 맞물리면서 조상숭배의 열기가 되살아났고 가정의례 공간이 변화의 조짐을 보이기 시작했다. 전쟁이 끝난 지 한 세대가 지나서야 비로소 버려진 유해를 수습해 고향으로 보내고 영령을 달래는 대중적 차원의 이장운동이 봇물을 이루게 되었다. 베트남인들은 망자

의 시신이 비극적 장소를 벗어나 이장되면 원통함에서 벗어
날 수 있다고 믿는다. 이 과정에서 족보에서 제외되었던 친지
들 이름이 다시금 제사 명부에 오르게 되었을 뿐만 아니라 익
명의 망자들을 위한 공간도 마련되기 시작했다. 집 내부에 조
상사당을 세울 때 집 밖에는 잡신들을 위한 신당을 함께 만드
는 풍토가 조성되었다. 이로써 익명의 망자들도 넓은 친족관
계로 수용되고, 심지어는 마을의 수호정령으로 거듭나게 되
었다. 냉전의 극단적인 폭력성이 낳은 장기적 결과는 역설적
이게도 죽음의 민주주의를 매개로 한 사회의 민주화였던 것
이다.

타인의 죽음 앞에서

　1990년대 초부터 베트남사회주의공화국은 국가 차원의
유적지 지정과 혁명열사 기념에 박차를 가했다. 이는 사회적
차원의 조상숭배 열풍과는 다소 불안정한 조화를 이루며 베
트남의 새로운 추모문화를 창조해가고 있다. 양 차원은 차이
가 크기는 하지만 모두 과거에 대해 초연한, 통 큰 태도를 취
한다는 점이 공통적이다. 1980년대를 거치며 시장지향적 경
제개혁으로 방향을 튼 베트남에서 고통스러웠던 과거는 더

나은 미래를 낳기 위한 진통이었다는 식의 낙관적이고 실용적인 논의가 대세인 것으로 보인다. 그와 대조적으로 국가보다는 민간의 참전군인단체가 스스로 애국심과 반공주의를 내세우는 대한민국에서 베트남전의 기억은 여전히 냉전적 이념 갈등에 매몰되어 있다.

승전국 베트남에서 전쟁영웅들이 '혁명열사'라는 이름으로 열렬히 기념되었던 데 반해, 패전국에 속하는 대한민국에서 파월장병들은 종전과 더불어 국민적 기억에서 거의 잊혔다. 물론 베트남과 마찬가지로 1990년대에 들어 그간 잊힌 전쟁의 기억들이 다시금 사회·정치적 의제로 떠올랐는데, 그것은 베트남에서처럼 사회적 민주화의 표현이기는커녕 오히려 정반대로 민주화에 대한 반발에서 비롯되었다. 세계적 차원에서 냉전체제가 무너지고 자유화의 물결이 일면서 한국과 베트남 양국도 1992년에 공식 수교하게 되었으며, 또한 한국 사회의 민주화가 진전되면서 시민사회단체를 중심으로 베트남 민간인학살 문제가 처음으로 본격적으로 제기되었다. 이러한 대내외적 환경의 변화에 자극받아 그동안 숨죽이고 있던 참전용사들이 피해 보상과 명예회복을 요구하며 공개적으로 모습을 드러내기 시작했다.

'6월 항쟁'이 있었던 1987년이 저물어갈 무렵 서울 프레스센터에서 베트남 참전용사 350여 명이 모여 '따이한클럽'의

창립발기인 대회를 열었으며 이듬해 문화공보부에 '따이한'이라는 이름으로 정식으로 등록됨으로써 베트남 참전군인단체가 공식적으로 출범했다. 거리에서 민주주의를 외치던 시대의 분위기에 따른다면, 이들은 자신들을 이용만 하고 정당한 대우를 해주지 않은 국가에 대해 사죄를 요구했어야 마땅하다. 수많은 젊은이들을 사지로 내몰았던 박정희 정권은 철군 이후 이들을 거들떠보지도 않았고, 스스로도 파월군인인 전두환 신군부세력마저도 문민정권을 가장하기 위해 이들에게 재갈을 물렸다. 그러나 이들은 반공주의의 사도를 자임하며 스스로에게 다시금 냉전의 족쇄를 채우는 길을 택했다. 이들에게는 국가로부터의 푸대접보다는 민간으로부터 행해진 '가해자'라거나 '용병'이라는 모욕이 훨씬 더 심각하게 느껴졌다. 이 모욕을 공산주의자들의 책동으로 간주하고 이에 맞서 싸우는 것이야말로 젊은 시절부터 체질화된 냉전적 사고방식에 딱 들어맞는 일이었다. 전혀 다른 사고방식으로 현실을 인식하는 것이 이들에게는 그 무엇보다도 두려운 일이었다. 그것은 자신의 삶과 존재를 스스로 부정하는 것을 의미했다.

　　베트남전 참전용사들이 친근하게 느끼는 냉전 논리는 국가주의와 성장지상주의에 의해 뒷받침된다. 공산주의 진영에 대한 적대감은 시장경제체제인 대한민국의 경제발전이라는 상투적 논리와 직결된다. 특히 박정희의 개발독재에 대한 향수는 젊음을 바쳐 나라를 구했다는 개인적 자부심과 접목되어 일종의 순환논리를 이룬다. 결국 참전용사들의 사고는 국가유공자라는 자기정체성으로 귀결된다. 여기서 죽음의 전장으로 내몰린 피해자인 동시에 침략과 학살에 연루된 가해자라는 자기성찰의 여지는 거의 없으며 확고한 자기정체성에 위배되는 어떠한 것도 용인되지 않는다. 이처럼 꽉 막힌 사고가 지닌 가장 큰 문제는 자기성찰의 결여가 아니다. 아군이든 적군이든 타인의 죽음을 경시한다는 게 오히려 더 큰 문제다.

베트남전 참전용사들이 벌인 참전기념물 건립운동은 냉전 논리에 고착된 한국적 추모문화의 한계를 고스란히 보여주는 사례이다. 원통하게 죽어간 타인들을 기억하고자 민간에서 자발적으로 만든 베트남의 증오비가 국가의 개입에 의해 다소 변질되었을지언정 떠도는 혼령들이 발언하는 공간으로 기능했던 것과는 대조적으로, 대한민국의 베트남전 참전기념물들은 거의 예외 없이 반공주의와 애국심만을 내세우고 있다. 혼령이 머물기에는 너무나 인공장식물 같은 공간이다.

대한민국의 베트남전 참전기념물들은 참전용사들 스스로의 명예를 드높이고 피해 보상을 정당화하기 위한 도구적 성격이 강했다. 1990년 5월 월남참전기념탑 건립 결의대회가 개최되었고 1992년 2월에는 월남전기념탑 건립을 위한 발기인대회가 열렸다. 같은 해 5월에 충청북도 옥천군 청산면에 건립된 월남참전기념비는 이후 전국에 수십 개나 세워질 기념비의 시발점이었다. 이러한 기념비들의 전형을 보여주는 것이 동작동 국립현충원 정문 건너편의 주차공원에 솟아 있는 월남참전기념탑이다. '자유와 평화의 비상'이라는 이름을 내걸고 2009년에 건립된 이 화강석탑은 고딕 첨탑의 형태로 하늘 높이 솟아 있고 그 주위로 다섯 개의 청동입상이 둘러서 있다. 승리의 표시로 엄지를 내민 병사, 수류탄을 던지는 병사, 아기를 껴안고 질주하는 병사, 일하면서 싸우는 공병, 그리고 적십자 표식을 단 간호장교는 모두 결연한 자세로 임무를 수행하고 있다. 이 기념탑의 전체적인 모습은 21세기에 만들어졌다고는 차마 믿을 수 없으리만큼 고답적이다. 그것은 미래를 향해 웅비하는 형상이라기보다는, 벌써 녹슬고 있는 입상들의 상태가 암시하듯, 자신들만의 낡은 성채에 고립된 참전용사들의 도상으로 보인다. 기념탑 앞의 표지석에 새겨진 「따이한의 전설」이라는 시의 한 구절이 매우 시사적이다. "전사의 몸에 덮인 태극기를 더럽히지 말라!" 현재 서울시는 이 주차공원을 '안보문화공원'으로 조성할 계획이라고 한다.

동작동 주차공원의 월남참전기념탑이 그나마 예술적 형식을 갖추었다면, 관 주도로 2008년 강원도 화천군 간동면 오음리에 만들어진 '베트남 참전용사 만남의 장(현재 월남 파병용

서울시 동작동 동작주차공원 내 월남참전기념탑(이재갑 작가 제공)

사 만남의 장)'은 참전군인들의 자긍심 고취는커녕 그들의 숭고
한 헌신을 심히 우스꽝스럽게 만드는 기념공간이다. 으리으
리한 기념관을 위시하여 피크닉장, 구찌Cu Chi터널 모형과 월
남전통마을, 훈련체험장 등 일종의 놀이공원처럼 조성된 그
넓은 대지 어디에도 피맺힌 혼령이 머물 만한 곳은 없다. 그
곳은 철저히 자기만족의 공간일 뿐 타인의 죽음에 대한 어떠
한 애도의 노력도 찾아볼 수 없다. 한국군이 농민복장을 한
베트콩을 무릎 꿇린 채 총을 겨누고 있는 모형물은 그나마 외
교적 관계를 고려해 철거되었다.

　'타인의 죽음'은 우리가 결코 가벼이 여겨서는 안 될 중대

사안이다. 고인과의 이별을 도저히 받아들일 수 없다는 비통한 심정이 우리로 하여금 자기만족적인 사고에서 벗어나 극진한 애도의 노력을 기울이게 만든다. 타인의 죽음이라는 개념은 프랑스 역사가 필리프 아리에스Philippe Ariès의 명저 『서구세계에서의 죽음의 역사Essais sur l'histoire de la mort en Occident』에 등장하는데, 18세기부터 서구인들은 죽음에 새로운 의미를 부여하려는 경향을 보이기 시작했다고 한다. 인간은 누구나 죽건만, 뭇사람들이 아닌 특정한 대상의 죽음만이 살아 있는 자로 하여금 견딜 수 없는 회한의 감정을 끓어오르게 했다. 이러한 '감정혁명'은 정신적 위기를 낳기도 하지만 이를 극복하기 위한 방책으로 타인의 죽음을 낭만주의적으로 승화시키는 독특한 추모문화를 형성시켰다. 이제 죽음은 비장하고 아름다운 것이 되었다. 서구 도시에서 묘지가 도시 안의 아름다운 공원으로 자리 잡게 된 것은 바로 이러한 근대적 추모문화의 산물이었다. 그런데 아리에스는 이와 같은 '타인의 죽음'이 20세기를 거치며 점차 '금지된 죽음'으로 변모해갔다고 주장한다. 의학의 놀라운 발전을 이룩한 현대 문명에서 죽음은 수치스럽고 금기시되는 대상으로 전락했다. 환자들의 헐떡거리는 숨소리, 그들에게서 풍겨 나오는 악취는 사회로부터 배제되어야 할 혐오대상이 되었고 사람들은 병원에서 혼자 죽어갔다. 이미 19세기 말엽부터 묘지가 도시 변두리로 밀려나기 시작했다. 우리시대에 죽음은 더 이상 신성한 휘광에 둘러싸여있지 않다.

　죽음을 추악한 것으로, 삶의 주변부로 밀어내려는 충동은 죽음을 숭배하는 태도와 마찬가지로 서구세계만의 특징은 아니다. 다만 서구세계에서는 아리에스가 분석했듯이 시대에 따라 두 가지 경향이 나타났지만, 적어도 동아시아세계에서는 양자가 겹쳐져 나타났다는 점이 다를 뿐이다. 어쨌든 타인의 죽음에 대한 경시는 우리시대의 전반적 특징이며 이는 인간 경시 풍조와 무관하지 않을 것이다. 아리에스는 분명히 언급하지 않았지만, '금지된 죽음'의 등장에는 20세기 특유의 총력전 경험이 한몫했음이 분명하다. 익명의 다수에게 행해지는 집단학살보다 더한 인간 경시가 또 어디에 있겠는가. 타인의 비극적인 죽음 앞에서 우리는 근대 서구인들처럼 낭만적 우수에 젖을 필요까지야 없겠지만, 적어도 진심 어린 애도의 감정은 가져야 하지 않겠는가.

　타인의 죽음을 애도하는 길 중의 하나는 그들의 이야기를 전하는 것이다. 물론 우리가 전하는 이야기는 늘 편협할 뿐이다. 과거로부터 떨어져 나온 파편들의 자의적인 조합에 불과하기 때문이다. 그렇지만 달리 어찌하랴. 이야기를 통해 이어붙이지 않는다면 그 파편들마저 이내 종적을 감추고 말 테니. 다만 우리는 우리가 전하는 이야기가 결코 완결된 것이 아님을 인정해야 한다. 그것이 늘 타인의 목소리임을, 제대로 알아듣기 힘든 유령의 울부짖음임을 결코 잊지 말아야 한다.

파월용사들이여! 왜 전우의 죽음을 진정으로 애도하지 않는가? 왜 일방적인 논리를 고집하며 망자들의 소리에 귀 기울이지 않는가? 아니, 당신들 자신을 위해서도 발상의 전환이 필요하다. 과연 낡아빠진 반공주의와 애국심의 논리로 당신들이 겪어온 고난의 삶이 제대로 승화되리라 믿는가? 지나친 불통의 이미지에다가 시대에 뒤떨어진 호전적 분위기까지 더해짐으로써 스스로를 사회로부터 격리시키고 있는 어제의 용사들이여! 진실이 가려졌다고 세태를 한탄하는 당신들에게 진정으로 필요한 것은 젊은 시절의 피비린내 나는 경험을 이제는 겸허히 되돌아보며 당신들에 의해 피해를 입은, 혹은 옆에서 제대로 지켜주지 못했던 망자들의 혼령을 위로하는 일이 아닐까? 더 이상 후세대를 감동시키지 못하는 당신들만의 진실을 고집하다 결국 구천을 떠도는 원혼들을 망각의 능선으로 내몰 것인가?

젊은 시절 당신은 고달팠지만 훨씬 순수했고 뜨거운 가슴을 지녔다. 덧없이 잊히기에는 너무도 소중하고 자랑스러운 아들, 오빠, 아버지, 전우였다. 다음에 소개하는 내용은 국방부 군사편찬연구소 편 증언집에 실린 한 편의 가족서신이다. 맹호부대 제1연대 소속의 정주영 대위가 고국의 여동생에게 보낸 것이다. 빈한한 가정에서 자라난 정 대위는 자기가 월남에서 돈을 벌어갈 테니 동생들부터 먼저 결혼시켜달라고 부모에게 간청했을 정도로 속이 깊고 효성이 지극한 아들이었다.

동생 선자에게

무더운 날씨다. 작열하는 태양이라는 형용사도 이런 날씨를 묘사하기에는 부족할 것만 같다. 마구 쏟아지는 땀이 비 오듯 한다… 오늘도 정글 속을 헤치며 베트콩을 섬멸하기에 여념이 없다. 가시덤불 속을 헤맬 때면 손은 말할 필요도 없고, 얼굴까지도 온통 가시에 할퀴어 피가 샘솟고 하지만 용감하게 뛰어 나가는 우리 병사들을 볼 때 이름만의 맹호가 아니고 진짜 맹호인 것 같은 착각 속에서 나도 모르게 자신과 투지, 그리고 통쾌함을 느끼곤 한다. 기막힌 비극의 산하를 누비면서도 월남, 아니 세계의 평화와 자유를 위한 십자군으로서 이 성전에 참전했다는 보람을 느끼곤 한다. 넉넉지 못한 우리나라의 처지에서도 남을 도우러 왔다는 뿌듯한 마음에서 우리 모두가 훌륭한 한국의 젊은이들임을 자랑하고 있단다…

고향에서는 지금 어떨까? 물론 파릇파릇한 새싹이 돋아나오고 울긋불긋한 진달래가 앞산과 뒷산을 수놓고 있겠지?

그리고 마을에서는 온통 농사준비에 바쁘겠지! 아이들은
여전히 좋아라 뛰어놀 테고! …아무리 강적이라도 우리
맹호에게는 호랑이 앞의 개 모양이니 승전고 울리고 돌아
갈 날도 머지않은 것 같다. 아버님, 어머님을 잘 도와드리
고 어린 동생들도 성실히 잘 보살펴주기를 부탁하며 동네
어른 여러분께도 안부 전하여주기 바란다. 오빠는 용감히
싸우고 있다고 말야. 그럼 너의 안녕을 빌면서 이만 쓴다.

1966년 3월 22일

(국방부 군사편찬연구소 2001, 328~329쪽)

바로 다음 날 정 대위는 전사했다. 승전고 울리고 돌아오
겠다는 다짐은 지켜지지 못했다. 세계의 평화와 자유를 위한
십자군은 도움을 받은 나라에서는커녕 고국에서도 환영받지
못했다. 작열하는 태양 아래 피와 땀을 흘리며 싸운 훌륭한
한국의 젊은이들이 어느덧 난징대학살을 자행한 일본군과 다
를 바 없는 살인마의 이미지로 후세대 젊은이들에게 기억될
처지에 놓여 있다. 과연 누가 이들의 한을 풀어줄 것인가?

4장
—
국가는 내게 무엇인가

나는 그들의 승리에 대한 갈망을,

진실과 거짓을 분별하려는 열정을 이해한다.

맹목성이야말로 그들에게 그러한 비상한 힘을 주었다.

|

즈엉투흐엉Duong Thu Huong, 『무명의 소설Novel Without

A Name』(1995)

국방부 군사편찬연구소에서 발간한 증언록에는 청룡부대의 '용안 작전' 때 전사한 김기태 일병의 일기장이 소개되어 있다. 강원도 출신으로, 청룡부대 제5중대 소총수였던 김 일병은 파월 대상자로 선정되기를 원치 않았음에도 끝내 선정 통보를 받고야 말았다. 파월 신고가 끝나고 소대장이 일일이 한 사람씩 악수를 청하면서 건승을 빌어주었다. 동료들은 이왕에 가는 것 힘내라고 독려했다. 특수교육대로 가서 한 달간의 지옥훈련을 받은 그는 하필 추석날에 출국했다. "[동료들과] 작별의 인사를 굳은 악수로 대신하고 정말 가기 싫은 발길을 한 발 한 발 멀리 옮기고 말았다." 전장에서 자신의 본분을 다하던 김 일병은 결국 전사했다.

　　파월장병 편성 당시 각 중대에는 탈영자가 많았다. 처음에는 의연히 가려다가도 가족들을 면회하고 나면 가지 않겠다고 호소하는 병사들이 적지 않았다고 한다. 일단 전쟁터에 나갔다면 차라리 정글을 누비는 보병들이 나을 수도 있었다.

늘 긴장상태를 유지해야 하는 포병은 고생이 이만저만이 아니었다. 통신병들은 더했다. 무전안테나를 만져서 간신히 고국 방송을 들을 수 있었지만 정적에 묻힌 밤에만 들을 수 있는 고국 방송은 끊어질 듯 말 듯 하며 애를 태웠다. 24시간 내내 철조망 안에 갇힌 처지에 북녘 하늘만 바라보아도 서러움이 밀려왔다. 병사들의 조국애는 애국심보다는 향수병에 가까웠다.

베트남 병사들이라고 달랐을까? 국제적으로 알려진 베트남의 가장 저명한 여성 작가인 즈엉투흐엉의 1995년 소설『무명의 소설』을 보면 산 속에서 게릴라전을 펼치는 의용군들의 실상이 적나라하게 드러난다. 포탄이 쏟아지는 것쯤은 예삿일이다. 먹을 것을 찾아 산을 뒤지다 오랑우탄 수프까지 만들어 먹고, 어이없는 실수로 민간인과 아군을 쏴 죽이기도 한다. 조국과 인민의 해방을 꿈꾸던 청년들의 영혼은 점점 병들어간다. "제기랄, 이놈의 세상! 산 자는 총탄을 기다리며 눈을 감는데 죽은 자는 떡하니 눈을 뜨고 창공을 응시하다니." 베트남 인민의 역사적 부활을 꿈꾸며 18세의 나이에 의용군에 자원한 이 소설의 주인공 꾸안도 이상과 현실의 간극을 뼈저리게 느낀다. 좌절감에 시달리던 그는 전쟁 중에 실성한 것으로 알려진 어린 시절의 친구 비엔을 만나러 십 년 만에 고향을 방문할 기회를 얻는다. 낯선 산과 들을 가로질러

갖은 고생 끝에 도착한 고향이건만 전쟁의 고통에 휩싸인 것은 매한가지다. 폐인이 되어버린 친구 비엔은 물론, 아내를 일찍 여의고 홀로 사는 고집쟁이 아버지도, 외딴 언덕에 숨어 사는 옛 연인 호아도 모두들 극심한 영혼의 병을 앓고 있다. 이러한 전쟁에서는 혁명의 숭고함을 가장하는 것, 그러한 거짓에 대해 아무런 양심의 가책도 느끼지 않는 자세야말로 최상의 미덕이다.

꾸안은 고향으로 가기 위해 중부 고원의 밀림을 통과하는 도중에 이름 모를 군인의 해골과 조우한다. 나무 두 개 사이에 걸친 해먹 안에 순백의 해골이 잠들어 있다. 청년의 치아를 갖고 팔과 다리가 곧은 자세로 놓여 있는 그 해골은 꾸안처럼 골짜기를 헤매다 지쳐 잠들었을 것이다. 그는 망자의 배낭을 그 안의 메모지에 적힌 어머니의 주소로 가져다주기로 다짐한다.

> 분명히 그는 고열에 시달리는 와중에 자신의 인생사가 꿈결처럼 지나가는 것을 보았을 것이다. 평화, 미움, 어린 시절, 사랑의 꿈들… 이것이 그에게는 최후의 만찬, 지상에서의 마지막 위안이었을 것이다. 그런 다음 피맺힌 고름이 그의 혈관을 막고 꿈은 점차 사라져갔을 것이다 (Duong Thu Huong 1995, 53쪽).

베트남 정부는 이 소설을 금지했다. 그 내용이 너무 허무주의적이며, 혁명적 대의를 깎아내리려는 서방세계의 바람과 일치하는 것은 분명하다. 하지만 왜 우리는 문화와 체제의 차이를 넘어 꾸안의 방황에 공감하게 되는 걸까?

대체 무엇을 위해 싸웠나

박정희 정권의 2인자였던 김종필은 자신의 증언록에서 "무엇보다 5000년 한민족사에서 우리 군사력의 해외 진주는 전례 없는, 역사의 드문 경험"이라며 "맨날 침략만 받던 나라가 대의를 위해 파병한 경험은 민족의 진취적 기상으로 남을 것"이라고 말했다. 베트남 파병을 결정하고 단행한 당시의 집권세력은 파병 문제를 순전히 국익 차원에서 바라보았고 이는 어쩌면 당연한 일이었다. 국가의 존망을 책임지는 자들이 안보와 번영을 소홀히 한다면 어찌하겠는가. 설령 저들이 원했던 것이 국가의 안보가 아니라 자신들 정권의 안전이었다고 깎아내리더라도, 어쨌든 베트남 파병이 국제정세의 변화에 따른 국가적 대응이었다는 점에서는 별반 차이가 없다. 문제는 이 전쟁이 명분은 없고 실리만 있었다는 데 있다. 남을 괴롭혀 재물을 모은 부자는 과연 떳떳한가? 더구나 제 자식에게 폭력을 사주한 부자라면 말이다.

베트남 파병을 옹호하는 논리는 대체로 귀를 막고 일방적으로 자기 말만 하는 느낌을 준다. 무엇보다 제일 먼저 강조되는 논리는 동아시아의 세 나라, 즉 한국, 타이완, 그리고 남베트남이 공산세력과 대치하던 자유민주주의의 최전선이었으므로 북베트남 공산주의자들의 침략은 대한민국의 생존을 위협하는 중차대한 안보사안이었고, 더욱이 한국의 참전은 1953년에 체결된 한미상호방위조약의 이른바 '집단적 자위권' 조항에 따랐다는 점에서 법적 정당성마저 갖추었다는 것이다. 꽤 그럴듯한 논리지만 사실은 기본 전제부터 잘못되었다. 한 나라가 제3국으로부터 무력공격을 받았을 경우 공격받은 나라와 긴밀한 유대관계를 가진 다른 나라들이 원조해 공동으로 반격할 수 있는 권리를 말하는 집단적 자위권은 북베트남이 남베트남이나 미국을 공격했다면 성립하겠지만 사실은 그 반대였다는 것이 정설이다. 전쟁의 도화선이 된 통킹만 사건이 조작되었다는 것은 더 이상 이론의 여지가 없는 역사적 사실이다. 이에 비하면 차라리 한국전쟁 때 수많은 미군이 피 흘려 우리나라를 지켜준 데 대한 보답이라는 논리가 그나마 인간적 감정에 호소한다. 그렇지만 정작 현지에서 싸울 병사들 스스로도 기꺼이 감사의 선물이 되기를 원했는가? 그들의 동의를 구하지 않았다면, 대체 누가 누구의 목숨을 제

맘대로 헌납한다는 말인가? 국방부 군사편찬연구소의 통계 자료에 따르면, 베트남전의 국군 사망자는 5,099명, 전상·부상자는 1만 962명에 달한다. 이 숫자에 가려진 개개 장병들의 피눈물은 과연 누가 보상할 것인가?

초대 주월 한국군사령관 채명신 장군은 회고록『베트남 전쟁과 나』에서 파병의 정당성에 대한 틀에 박힌 논리를 반복했다. 즉 북베트남의 남베트남에 대한 무력공격은 대한민국에 대한 무력공격과 동일한 것이므로 집단안전보장 차원에서, 또한 자유우방의 은혜에 보답하는 차원에서 파병이 마땅했다는 것이다. 그리고 그 결과 대한민국의 국력이 향상되었고 군사력도 증강되었으며 국제사회에서 대한민국의 위상을 확고히 세울 수 있었다고 강조한다. 한마디로 월남 파병은 국위선양과 조국의 번영에 기여했다는 것인데, 참으로 군인다운 말이다. 논리를 갖춘 발언이라기보다는 절도 있는 구령에 가깝다. 정치군인이 되기를 거부한 대가로 가장 유력한 육군 참모총장 후보였음에도 대장 진급에서 제외되었던 '참군인'이었건만 당대의 지배적 편견을 거슬러 사고할 만한 지성은 갖추지 못했던 것 같다.

이미 잘 알려진 바와 같이, 베트남 파병의 결정권자였던 박정희 대통령은 주한미군 2개 사단 규모의 병력이 베트남으로 빠져나가는 상황을 우려하여 자국방어를 위해 타국에 파병하는 모순적인 결정을 내렸다. 당시 GNP가 남한의 1.7배에 달하던 북한으로부터의 위협은 대단히 실제적이었다. 원조물품을 시장에 내다판 돈으로 겨우 세출예산을 세우던 가난한 나라, 구호물자가 부족해서 봄에는 나무껍질로 연명하는 인구가 태반이던 대한민국은 여러모로 위기에 처해 있었다. 무언가 특단의 조치가 필요했던 것은 사실이다. 그러나 20세기 한반도에 언제 위기가 아닌 적이 있었던가? 현대 문명의 기본적 특징은 위기의 일상화에 있다. 끊임없는 혁신과 변화야말로 우리네 삶의 피할 수 없는 요구다. 선택의 기로에선 대한민국은 결국 앞으로의 도주를 감행했다. 뒤도 돌아보지 않고 불길로 뛰어드는 무모함, 그것은 용감하다기보다는 비정한 선택이었다.

한국군의 베트남 파병이 이루어지기 3년 전인 1961년 11월, 국가재건최고회의 의장 자격으로 미국 백악관을 방문한 박정희는 케네디John Fitzgerald Kennedy 대통령에게 느닷없이 한국군을 베트남에 파병하겠다는 제안을 했다가 북한을 자극할 수 있다는 이유로 거절당한 바 있었다. 그런데 한국군의 해외파병 기도는 이때가 처음이 아니었다. 1954년 이승만 대통령이 자발적으로 베트남공화국과 미국에 참전을 요청했다가 보기 좋게 거절당한 적이 있었다. 자국 방어도 제대로 못하는 나라가 해외파병을 한다니 누군들 곧이듣겠는가. 그러나 적어도 박정희의 자발적 파병 제안은 허풍만은 아니었다. 그는 파병의 대가로 중화학공업단지 건설을 위한 미국의 원조를 요청했다. 그것은 분명히 부국강병을 위한 군산복합체의 구축을 염두에 둔 것이었다. 드디어 1964년에 미국이 공식적으로 파병을 요청하자 대한민국은 기다렸다는 듯이 동맹국 최대의 파병으로 화답했다. 전투병만 해도 미국의 여타 우방인 뉴질랜드의 100배에 달하는 병력이었다. 베트남 파병은 강대국의 요구에 휘둘린 결정이 전혀 아니었다. 그것은 국가를 살리기 위해 그 안과 밖에 사는 사람들을 희생양으로 만든 비열한 선택이었다. 국민들을 불길 속으로 떠밀어놓은 채 국가는 홀로 멀리 달아났다.

경제적 실익은 파병의 부산물이 아니라 근본사유였다. 그것은 처음부터 주도면밀하게 계획된 국가적 프로젝트였다. 파병에 소요되는 경비를 미국이 부담한다는 1966년 3월의 '브라운 각서'는 박정희 정권의 외교적 쾌거라 할 만했다. 그러나 1개 사단 추가파병이라는 조건이 붙었다. 목숨을 담보로 금전을 얻어냈던 것이다. 확실히 목숨은 값이 나갔다. 파월장병들에게 지급된 전투수당과 각종 군사장비는 물론, 미국과 남베트남에 대한 수출 증가, 국내 기업과 노동자의 남베트남 진출 등 각종 전쟁특수가 대한민국의 경제력을 전례 없이 상승시켰다. 전투병 제1진이 파병된 지 단 한 달 만인

1965년 11월에 반민반관의 해외개발공사가 설립되어 민간 인력의 송출을 주도했던 것은 시사하는 바가 크다. 일반적으로는 굴욕적인 한일협정으로 얻어낸 총 8억 달러의 '보상금' 내지는 '경제협력 지원금'이 비약적인 경제성장의 밑거름이 되었다고 알려져 있지만, 베트남전 파병으로 인해 얻어진 총 50억 달러에 달하는 외화 수입에 비한다면 새 발의 피에 불과했다. 여기에 곧 이어진 중동 진출까지 포함시킨다면, 베트남 파병은 명실상부한 대한민국 경제성장의 도약대였다고 할 수 있다.

한국의 경제성장을 박정희 대통령의 공으로 돌리는 것은 부분적으로는 옳다. 최근의 연구들에 따르면, 베트남전을 계기로 한국에 대한 미국의 경제원조가 비약적으로 증대되었을 뿐만 아니라 한국 상품에 대한 '묻지마 구매'로 보일 정도로 대미수출 규모가 커졌다. 이러한 한국 편애가 파병 결정에서 비롯된 것이 분명하다면, 박정희는 한국 경제발전의 초석을 세운 인물이 맞지만, 그것은 뛰어난 경제정책의 성과가 아니라 병사들의 핏값으로 얻어낸 눈물 젖은 빵이었다. 과연 그것을 옳은 선택이었다고 할 수 있는가? 설령 당시로서는 어쩔 수 없었다고 인정하더라도, 지금의 시점에서 그것을 아주 잘한 일이라고 평가하는 것이 우리사회의 미래를 위해 바람직한 사고일까?

박정희 대통령이 진심으로 나라를 생각했는지, 아니면 그저 나라를 팔아 자신의 권력을 정당화했는지는 문제의 본질이 아니다. 그의 마음속이 실제로 어떠했든, 더 중요한 것은 국가중심적 사고가 대부분의 국민에게 자연스럽게 받아들여졌다는 사실이다. 한일협정에 대한 국민적 차원의 반발이 있었던 것과는 대조적으로, 베트남 파병은 오히려 광범한 국민적 성원을 받았다. 초기에 반대하던 야당도 곧 지지 입장으로 돌아섰다. 대한민국은 미국의 베트남전 수행을 국민적 차원에서 지지한 세계유일의 나라였다. 바로 이를 두고 '혈맹'이라 하던가. 미국의 우방들 대부분은 참전 요청에 딴청을 피웠고 지역 내의 집단방위기구인 동남아시아집단방위조약(SEATO)도, 특히 그 회원국이자 옛 종주국인 프랑스가 앞장서서 미국의 군사개입을 말렸다. 이 나라들은 설령 파병하려했더라도 국민들의 동의를 얻기가 힘들었을 것이다. 미국의 영향력이 우리에 못지않은 이웃나라 일본만 하더라도 대대적인 반전데모가 줄을 이었다. 왜 우리나라 국민의 나라사랑은 그토록 남달랐는가? 왜 다른 나라의 처지는 아랑곳하지 않고 오로지 나만 살겠다고 내달렸는가? 왜 사람의 목숨보다 나라의 안위를, 경제적 실익을 더 중시했는가?

　　"우리는 적과 싸우러 가는 것이 아니고 가난과 싸우러 가는 것"이라는 한 병사의 말은 당시의 파병군인들과 그 가족들의 심정을 대변했다. 전장에서 복무 연장을 신청한 장병들이 의외로 많았다는 사실은 애국심이라는 명분만으로는 설명되기 힘들다. 아니, 애국심이라는 것 자체가 대부분의 병사들에게는 국가라는 지고하고 추상적인 존재에 대한 충성심이라기보다는 가족과 이웃에 대한 의무감에 가까웠다. 나라 발전을 위한 희생은 곧바로 가난한 내 가족과 이웃의 안녕을 위해 내 한 목숨을 바치는 희생이기도 했던 것이다. 누가 이들을 탓할 수 있으랴. 실로 안타까운 것은 이처럼 인간적이기 그지없는 감정이 국가라는 권력기구에 의해 굴절되면서 극도의 비인간적인 태도로 귀결되었다는 점이다. 동포에 대한 사랑은 타민족에 대한 경멸로 변질되었고, 가난으로부터 탈출하고자 하는 의지도 발전지상주의 내지는 황금만능주의로 전락했다. 이 모든 죄악의 한가운데에 국가가 있었다.

국가는 병사들로 하여금 마음을 독하게 먹고 거리낌 없이 악을 행하도록 부추기는 동시에 그러한 행위에 정당성을 제공해주었다. 적으로 간주되는 자들의 목숨을 빼앗는 일은 물론, 마을 주민을 몰아내고 집을 불태우는 일, 베트콩의 식량이 될 가축을 몰살시키는 일, 미군의 군수물자를 빼돌리는 일도 다 애국이 되었다. 국가의 일방적인 논리가 병사들을 타락시켰다. '반공 성전'이라는 텅 빈 이데올로기는 곧 일상적인 욕망으로 가득 채워졌다. 국익과 사익은 놀라울 정도로 속

궁합이 맞았다. 군인과 그들의 가족, 그리고 이웃이 관심 가진 것은 실은 전쟁 그자체가 아니라 그로부터 얻어낼 달러와 텔레비전, 트랜지스터라디오였다. '애국'의 반대말은 반역이 아니라 무능이었다.

당시 남베트남의 8개 항구 중 5개를 한국군이 장악하고 있었던 것은 참으로 행운이었다. 그 지역의 주요 공사들을 한국이 도맡아 할 수 있었다. 베트남전 전체 기간에 걸쳐 총 10만 명이 넘는 민간인 노동자와 기술자가 파견되어 마치 금광을 파듯이 외화를 벌어들였다. 1970년에 베트남에서 일하는 한국 민간인의 연간 평균저축액은 가장 낮게 잡아도 2,500달러는 되었다고 하는데, 이는 당시 한국 노동자 평균 연봉의 10배가 훨씬 넘는 금액이었다. 한국의 대표적 재벌기업인 현대, 대우, 한진 등은 모두 전시 경제특수를 통해 도약했다. 베트남은 전장이자 시장이었다. 군인만이 아니라 민간인까지 합세하여 말 그대로 피땀을 흘리며 전장을 누빈 덕분에 대한민국의 놀라운 경제성장이 가능했다. 소나기가 그치자 세상이 더없이 밝아졌다. '한강의 기적'은 전장의 주검 위에 떠오른 무지개와 같은 것이었다. 가난하고 침울하던 대한민국은 갑자기 활기찬 나라가 되었다. 베트남전쟁이 끝나기 바로 전날인 1975년 4월 29일에 우리 정부와 사우디아라비아 간에 인력진출에 관한 협약이 체결되었다. 귀국한 장병들에게 새로운 취업의 길이 열렸고 다시금 외화가 쏟아져 들어왔다. 당시 유행가의 밝은 음정이 말해주듯, '월남에서 돌아온 새까만 김 상사'는 다시금 국가 발전의 역군이 되었다.

그렇지만 찬란한 무지개가 채 사라지기도 전에 다시 가랑비가 내렸다. 국가와 재벌 간의, 국익과 사익 간의 결탁은 희생양을 만들어내는 은밀한 공모에 바탕을 둔 것이었다. 전쟁터는 피비린내 나는 폭력만이 아니라 집단적 비리와 불공정이 지배하는 곳이었다. 안타깝게도 열심히 싸운 것과 그로 인한 대가는 전혀 상응하지 않았다. 정작 작전에 투입되는 병사들은 전투 이외의 일에 신경을 쓸 겨를이 없었기에 행정반, 인사계 등을 통해 얻을 수 있는 현지취업 정보에 대해 눈이 어두웠다. 한국군의 2차 파병시부터 미군으로부터 받게 된 전투수당도 정작 병사들은 20퍼센트만 손에 쥐고 나머지는 강제로 가족들에게 송금되었는데, 불투명하게 이루어진 송금 과정은 여전히 석연치 않다.

한편 전장에서 용케 살아남은 병사들은 자연스럽게 '귀국 박스'에 몰두했다. 미군이 들여온 엄청난 규모의 물자는 제대로 빼내기만 하면 단번에 신세를 고칠 수 있었으며 군 본부는 실제로 탄피 등 군수물자의 국내 반입을 은근히 부추겼다. 결국 재주꾼이야말로 시대의 영웅이었다. 귀국을 앞둔 장병들은 탄약 상자나 건축자재로 널빤지 궤짝을 만들어 미군부대

PX에서 구한 전자제품 등을 각자 요령껏 채워 넣고는 검정페인트로 부대명과 관등성명을 적어 귀국선에 부쳤다.

장편소설 『무기의 그늘』에서 저자 황석영은 "전쟁은 가장 냉혹한 형태의 장사"였다고 작중 화자의 입을 빌려 회고한다. 파월용사였던 저자의 경험에 따르면, 미군부대의 PX는 "큰 함석창고 안에 벌어진 디즈니랜드"였다. "지친 병사는 피묻은 군표 몇 장으로 대량 산업사회가 지어낸 소유의 꿈을 살 수" 있었다. 베트남전 파병은 확실히 신기원을 이루었다. 이로부터 시작된 대한민국의 경제발전은 국가라는 신과 재주꾼 영웅들이 펼치는 장대한 신화이다. 그것은 저 깊은 나락으로부터 무능한 인간들의 비명소리가 메아리치는 아주 끔찍하고도 교훈적인 이야기다.

훌륭한 국가란 존재하는가

정치인 출신의 작가 유시민은 그의 정치사상을 담은 저서 『국가란 무엇인가』에서 '훌륭한 국가'에 대해 논했다. 그에 따르면, 국가의 정의正義란 국민들로 하여금 각자가 마땅히 가져야 할 것을 갖도록 하는 것이다. 이러한 정의를 실현하기 위해 국가는 무엇보다도 국민 한 사람 한 사람을 수단이 아니라 목적으로 대해야 하며, 부당한 특권과 반칙을 용납해서는 안 되고 안보와 치안을 책임져야 하며 물질적 풍요와 쾌적한 환경, 그리고 평등한 공동체를 일궈가는 데 주력해야 한다. 이처럼 정의로운 국가가 바로 '훌륭한 국가'이다. 유시민의 다분히 규범적인 국가론은 현실의 국가를 비판적으로 성찰할 수 있는 기준점을 제공해준다는 점에서 의의가 있지만 국가의 본성을 너무 낙관적으로 바라보는 것은 아닌지 의심스럽다. 그처럼 훌륭한 국가는 역사상, 적어도 근대 이래는 존재한 적이 없다. 아니, 존재할 수가 없다. 왜냐하면 근대적 의미의 국민국가는 본질적으로 권력기구이고 또 그래야만 하기 때문이다. 세상 사람 모두가 성인군자는 아니기에 우리는 우리의 생명과 이익을 지켜줄 권력기구를 반드시 필요로 한다. 권력의 본질은 폭력이다. 국가는 폭력적 수단을 통해 외부의 침략이나 사회적 불의로부터 우리를 보호한다. 그러나 국가는 거꾸로 우리를 위협하기도 한다. 국가에 내재된 폭력성이란 마치 수류탄과 같아서 안전핀을 제거하는 순간 누구에게나 위험해진다.

훌륭한 국가란 형용모순이다. 그러한 국가가 존재하려면 정의를 구현하기 위해 폭력적이어야 하는데, 폭력은 근본적으로 타자를 부정하는 힘이다. 따라서 덜 나쁘고 더 나쁜 국가가 있을 뿐 훌륭한 국가란 원칙적으로 존재할 수 없다. 베트남전쟁 시기야말로 국가 본연의 폭력성을 여지없이 드러낸 환멸의 시간이었다. 그 충격적인 환멸은 맹호부대 장교로 참전했던 작가 김광휘의 소설『귀인Quy Nhon』에서 작중인물인 한 베트남인의 입을 통해 드러난다. 남베트남 군인 하이 중사는 어설픈 명분으로 참전을 정당화하려는 한국군에게 따끔하게 충고한다.

> 이 전쟁은 당신에게 관광이요, 신기한 놀이이며, 당신이 살아 돌아간다면 젊은 날의 하찮은 추억거리가 될 것이다. 이왕에 이 전쟁 속에 발을 내디뎠으니 이 전쟁의 정체를 한번 보고 가라. 그 큰 리바이어던(LEVIATHAN: 구약성서의 커다란 바다짐승)의 얼굴을 제대로 살펴보고 가란 말이다(김광휘 2014, 102쪽).

베트남전은 참전군인들에게 순수한 애국심을 키워주었다기보다는 오히려 엄청난 환멸 속에서 국가의 본질을 본능적으로 직관할 수 있게 해주었다. 국가란 어떤 정의로운 존재가 아니라 그야말로 힘의 원천이라는 것, 그러므로 국가의 권능에 편승하여 현실적 이득을 취해야 한다는 것, 어설픈 도덕적 판단 따위는 집어치우고 국가의 명운에 나의 미래를 맡겨야 한다는 것이었다.『귀인』의 저자가 친절하게 설명해주듯이, 리바이어던은 구약성서의 「욥기」에 나오는 짐승이다. 일찍이 영국의 고전적 정치이론가 토머스 홉스Thomas Hobbes는 17세기 종교전쟁의 종식과 더불어 등장한 절대왕정을 이 무시무시한 짐승에 비유한 바 있다. 종교의 위신이 땅에 떨어지고 오랜 전쟁으로 주검들이 가득한 폐허 위에 홀연히 등장한 이른바 "세속의 신mortal God"으로서의 근대 국가는 역사상 유례없는 절대권력을 창출했다. 작가 유시민도 거론했듯이, 더 이상 종교적이거나 도덕적인 명분에 의존하지 않는 적나라한 권력 그 자체인 근대 국가는 여타의 어떠한 권력도 용납하지 않으려 한다. 이러한 절대권력에 있어 폭력은 스스로를 과시하는 화려한 의례에 속한다. 폭력성을 결여한 국가란 패망한 국가일 수밖에 없다.

독일 철학자 헤겔Georg Wilhelm Friedrich Hegel은 "폭력은 실천 속에 있는 칸트다"라고 말한 적이 있다. 헤겔은 기본적으로 국가주의에 물든 철학자였으나 그것의 자기모순도 통찰할 수 있는 깊이를 지닌 인물이었다. 그는 규범론적 성향이 짙었던 선배 철학자 칸트Immanuel Kant를 빗대어 현실적 권력체인 국가가 칸트 철학과 같은 추상적 원리를 곧바로 실현하려 할 때 무자비한 폭력이 초래된다는 점을 부각시켰다. 실제로 한 세대 전에 이웃나라 프랑스에서는 새로이 탄생한 공화국이 혁명의 이념을 강제적으로 현실에 적용하려다가 국가적 차원의 엄청난 테러를 자행한 바 있었다. '자유, 평등, 우애'라는 숭고한 이념을 구현하기 위해 혁명기의 권력자 로베스피에르 Maximilien François Marie Isidore de Robespierre가 도입한 것이 바로 '단두대'였다. 그로부터 한 세기 반 후에 프랑스제국의 식민 지배에서 벗어난 베트남 땅에서 미국과 그 혈맹인 대한민국 이 그토록 관철시키려 했던 '자유'의 이념 또한 로베스피에르 의 옛 공포정치를 무색하게 하는 엄청난 폭력을 유발했다. 물론 그것은 고매한 옛 혁명가의 숭고한 열정에 비하면 너무나 엉터리 이념이었다. '반공' 말고는 아무런 내용이 없는 '자유' 의 이데올로기는 그 엉터리 논리에 반대할 자유를 절대 인정 하지 않으며 오로지 폭력의 자유만을 누렸을 뿐이다.

폭력의 내용과 방식에 적잖은 차이가 있기는 하지만, 일 반적으로 국가폭력은 시스템의 오작동이 아니라 오히려 국가 본연의 순기능에 속한다. 이념성이 강한 국가일수록, 정의구 현에 매진하는 국가일수록 폭력에 더 많이 의존하게 된다. 만 일 국가가 폭력을 중단한다면, 그것은 국가의 자정능력에 의 해서가 아니라 국가를 견제하는 시민의 힘이나 다른 국가의 힘에 의한 것이다. 베트남 땅에서 미국과 한국의 국가적 폭력 시스템이 원활하게 작동했던 것은 두 나라가 특별히 사악했 기 때문이 아니다. 그것을 억제할 수 있는 대항권력이 두 나 라의 내부에, 그리고 외부인 베트남에도 모두 부족했기 때문이다. 그나마 미국에서는 전국적인 반전운동이 전개되면서 노골적인 폭력행사를 억제했기에 결국 혈맹 대한민국이 악역을 도맡게 되었다. 국가는 결코 스스로 폭력을 멈추지 않는다.

베트남전에서 병사들은 국가의 진면목을 보았다. 감히 거부할 수 없는 거대한 리바이어던에 대한 경외심은 실은 권력이 야기한 냉혹한 현실에 대한 환멸과 그 속에서 무기력하고 왜소해진 자기 존재에 대한 허탈감의 표현이었다. 박영한의 1977년작 장편소설 『머나먼 쏭바강』의 주인공인 황일천 병장은 전장에 걸터앉아 레이션 깡통을 따고 있는 전우들을 물끄러미 바라보며 자포자기의 심정에 빠져든다.

삶이 맹목이듯, 전쟁이 맹목이면 어떤가. 속는다는 것엔 피차일반이 아닌가. 쏘아야 할 때 쏘는 것, 그건 이 주어진 운명이 죽으라고 명령할 때 죽어야 하는 것과 별다른 게 없다. 월남에 자원해서 건너올 때도, 죽는 건 단 한 번, 에라 될 대로 되라고 생각하며 온 게 아닌가(박영한 2004, 88쪽).

그래도 황 병장은 대체 자신이 왜 낯선 땅에 와서 이 고생을 하고 있는 것인지 스스로에게 묻지 않을 수 없었다.

네가 겪은 것, 네가 본 것과 소대장의 경험, 그리고 하사의 경험들을 죄다 몽타주해보면 제대로 전쟁 조감도가 만들어질까?(박영한 2004, 88쪽)

황 병장은 이내 결론에 도달한다. 그리고 좌절한다.

역시 몽매하긴 마찬가지다. 하사도, 이 깡마른 중위도, 중대장도, 봉사인 점에서는 나와 마찬가지다(박영한 2004, 88쪽).

국가에 의해 전장에 동원된 병사들은 명령 이외에는 아무것도 알지 말라는 명을 받는다. 정확한 공격날짜와 배낭 속에 들어가는 일정치의 식량과 탄환을 기억하면 그뿐이다. 감히 생각한다는 것은 심각한 불복행위다. 국가 앞에서 병사들은 기꺼이 노예, 아니 기계가 되어야 한다. 이 같은 정신적 공황상태의 귀결은 대체로 국가의 권위에 대한 과도한 복종심이다. 심지어 전쟁이 끝나고도 병사들은 계속해서 국가가 요구하는 역할을 충실히 이행한다. 그들은 국가의 냉혹함을 체화한 존재로, 국가의 일방적 논리를 무조건 대변하고 이를 관철시키기 위해 폭력도 서슴지 않는 지각 없는 역할을 배정받는다. 이처럼 차갑게 굳어버린 정신은 비단 한국군에게서만

나타나는 경향은 아니다. 미군도 다를 바 없었다. 스탠리 큐
브릭Stanley Kubrick 감독의 영화 〈풀 메탈 재킷Full Metal Jacket〉이
보여주는 미 해병의 가혹하고도 비인간적인 훈련과정은 육
체적 단련의 차원을 넘어 개인의 정신적 죽음을 목표로 한다.
군인은 인격을 부정당하고 금속성 정신구조를 갖춤으로써 비
로소 전쟁터에서 가장 치명적인 살인무기로 사용될 수 있다.
실제로 미국 정부는 이러한 군인들을 전쟁의 도구로 마음껏
이용한 뒤에 전시의 모든 악덕과 패전의 책임을 전가했다. 미
국사회에서 베트남전 귀환병들은 제대로 된 환영은 고사하
고 이방인이나 낙오자, 심지어는 살인마 취급을 받았다. 일부
퇴역군인들이 인간의 모습을 되찾고자 국가에 맞서기 시작한
것은 세월이 한참 흐른 후였다. 이는 한국사회와는 다른 경향
이다.

　　적에게 발각될 위험이 있는데도 죽으러 가기 전에 마지
막이라며 담뱃불을 붙이던 인간의 얼굴들은 사라지고 잊혔
다. 종전 후 대한민국에 돌아온 것은 금속성 정신구조를 버리
지 않은 퇴역군인들이었다. 차갑게 굳어 핏기 없는 영혼들이
한국사회를 잠식해 급격한 군사화를 초래했다. 주검이 가득
하던 베트남의 전장이 고스란히 한국사회로 옮겨진 셈이다.
박정희 유신체제는 영혼의 주검으로 가득한 전장이었다. 텅
빈 자유의 이념이 시민의 자유를 빼앗고 '총력안보'의 깃발 아

래 사회는 병영처럼 획일화되어갔다. 국가는 아무런 제약 없이 무제한의 폭력을 행사했다. 물론 박정희의 개인적 죽음이 이 땅의 메마른 영혼들을 거두어갈 수는 없었다. 베트남 파병을 결정한 박정희가 일본군 장교 출신의 군국주의자였던 것에 버금가게, 그의 사후까지 독재를 연장시킨 전두환과 노태우 역시 모두 파월군인 출신이었다. 전두환은 백마부대 연대장, 노태우는 맹호부대 대대장으로 참전했다.

베트남전이 끝난 이후 수십 년 동안 한국사회는 급격한 변화를 겪었지만 여전히 정신적으로 메말라 있다. 2010년에 발생한 천안함 침몰사건에 대한 사회적 논의가 비근한 사례를 제공한다. 아직도 명쾌하지 않은 이 사건의 경위에 대해 파고드는 것은 지극히 상식적이지만 단지 의문의 제기만으로도 북한 편을 드는 국가 반역자로 매도당하기 십상이다. 단호한 거부 뒤에는 의외로 기만이 자리 잡고 있다. 침몰의 원인이 북한의 피격이냐 아니면 내부의 실수인가 하는 논쟁이 격화되는 와중에 은근슬쩍 누락된 것이 바로 우리 안의 책임 문제이다. 우리 군 내부의 실수가 원인이었다면 말할 나위도 없지만, 북한의 침공이 원인이라 해도 그 책임으로부터 면제되는 것은 아니다. 과연 당시에 지휘관의 위치에 있던 사람들 중 그 누가 책임을 졌는가? 그들의 직무유기는 전혀 문제가 아닌가? 안타깝게 목숨을 잃은 젊은 넋들에 부여된 '호국영

령'이라는 칭호는 우리 안의 책임 소재를 분명히 밝히지 않는한, 일종의 면피에 불과하다. 그들은 사실상 영웅적인 전투를해볼 기회도 없이 순식간에 사망했다. 전혀 죽을 이유가 없는생떼같이 소중한 아들들이 허망하게 세상을 떠난 것이다. 어차피 현실적으로 단죄할 방법이 없는 북녘을 향해 화를 쏟아내면서 정작 우리 안에서는 아무도 책임을 지지 않는 것이 어떻게 그들을 진정으로 애도하는 자세일 수 있는가? 순국선열에 대한 묵념의 말없는 비장함과 틀에 박힌 애국의 레퍼토리뒤에는 위선적인 얼버무림과 기만이 숨어 있다. 대한민국의정신적 황폐함은 이처럼 국가에 대한 맹신으로 가려져 있다.그 안하무인의 신앙심으로부터 자유로워지지 않는 한, 베트남전쟁의 업보인 환멸과 복종의 강박증은 지속될 것이다.

국가의 기억과 몸의 기억

한국사회에서 베트남전은 그 실질적 비중에 비해 너무적게 이야기되어왔다. 패전이 원인이기도 하겠지만 그보다는 참전군인을 포함하여 전쟁의 유산이 여전히 너무도 생생하게 살아 있기 때문에 오히려 거론하기에 부담스러운 측면이 있다. 베트남전 파병은 사실상 명분이 부족했고 피해도 컸고 수혜의 배분 또한 그다지 정당하지 않았으므로, 진실의 판도라 상자가 열리면 극심한 사회적 갈등이 야기될 것은 불을 보듯 뻔하다. 박정희 유신정권을 포함하여 군부독재정권들은 베트남전의 기억을 아주 단순한 형태로 박제화하고는 민족사의 벽감에 고정시켜놓았다.

불편한 기억일수록 무용담으로 치장되기 쉽다. 수많은 신화와 전설에 나오는 초인적이고 과장된 이야기들은 얼마나 많은 고난과 피맺힌 한을 머금고 있는가. '월남에서 돌아온 새까만 김 상사'는 얼마나 많은 잔혹사를 가슴속에 묻어둔 채로 활기 넘치는 산업역군의 모습을 연출하며 중동으로 달려갔는가? 기억은 원래가 과거의 진실보다는 현재의 희망을 담는 법이지만 너무 참혹한 경험은 희망 안으로 수렴되기에는 거슬릴 수밖에 없다. 그래서 이런 경험들은 대개 불투명하게 탈색되어 진실과는 무관한, 오히려 정반대의 허황된 이야기로 전환된다. 비망록의 글귀에서, 젊은이들과의 대화 속에서 되살아난 기억은 마치 한여름 밤의 꿈처럼 부풀려져 주변으로 전해지고 또 전해지다가 어느덧 사회의 집단기억으로 자리 잡게 된다. 가기 싫다고 울며 버티다 베트남 밀림으로 내던져진 병사들이 언제부터인가 국가의 부름을 받고 나선 불굴의 용사들로 그려지게 된다. 물론 한여름 밤의 꿈에서 깨어난 불굴의 용사들은 다시금 찾아든 환멸 앞에서 신음하고 있는 자신을 발견하지만 말이다.

일찍이 정신분석학자 프로이트는 부끄러운 경험을 감추기 위해 의도적으로 불러일으키는 기억들에 주목한 적이 있다. "쥐 인간"이라고 명명한 강박신경증 환자를 치료하던 프로이트는 이 환자가 호소하는 쥐와 관련된 강박관념이 더 중요한 기억을 은폐하는, 일종의 연막과 같은 기억임을 간파했다. 이 환자는 군대 동료에게서 들은 바 있는, 쥐가 죄수의 엉덩이를 물어뜯게 하는 중국식 고문 이야기에 엄청난 공포를 느끼고 자신의 부친이 그러한 고문을 당하는 무시무시한 환상에 시달린다. 프로이트는 이 환자의 고백으로부터 부친에 대한 사랑이 아니라 오히려 은근한 증오심을 발견한다. 실제로 환자의 어린 시절에 부친은 아들의 성욕을 무자비하게 억압했고, 그러면서도 자신은 애인과의 결혼을 위해 공금을 횡령하는 등 그다지 도덕적으로 존경할 만한 모습을 보여주지 못했다. 부전자전인지 아들 또한 성장한 후 결혼지참금 마련이 급했던 나머지 아버지가 유산을 남기고 빨리 죽기를 바랐다. 독일어로 '쥐Ratte'는 '할부금Rate'을 연상시킨다. 프로이트의 해석에 따르면 이 환자의 강박관념은 사실은 아버지에 대한 증오심과 좌절된 욕망을 아버지에 대한 과도한 염려로 위장한 것이다. 프로이트는 그럴듯한 기억을 내세워 부끄러운 기억에 연막을 치는 "쥐 인간"의 사례가 전설이나 신화의 탄생과정과 유사하다고 보았다.

　베트남전의 기억은 전장에서 실제로 싸웠던 당사자들의 기억을 떠났기 때문에 신화가 되었다. 죽음의 전장에서 식은 땀을 흘리고 비명 지르고 좌절했던 병사들의 모습은 온데간데없고, 조국발전의 역군이자 자유의 수호자들이 벌인 초현실적인 전쟁만이 남았다. 이러한 신화는 그다지 감동적이거나 매혹적이지 않으며 마치 사라진 거인족의 신화처럼 낯설고 칙칙하다. 박제된 신화는 사실상 더 이상 신화일 수가 없다. 한국사회에서 베트남전은 을지문덕의 살수대첩만큼이나, 아니 그보다도 훨씬 먼 과거가 되었다.

　한국사회의 베트남전 기억은 오직 국가를 위한, 국가에 의한, 국가만의 기억이다. 언뜻 보면 그럴듯하지만 국가주의의 논리는 늘 앞뒤가 맞지 않는다. 고착된 논리는 반복될수록 설득력이 떨어진다. 각기 다른 맥락에 계속 같은 논리를 고집하므로 모순을 피할 수 없다. 한국군은 '용병'이 아니라고 주장하는 논리가 바로 그러하다. 베트남 현지에서는 한국군을 '따이한 군대'나 '남조선 군대'로 부를 때가 많지만 가끔은 '박정희 용병군'이라고도 부른다고 한다. 박정희 정부가 미국 돈을 받고 파견해 보조 역할이나 하는 군대라는 의미다. 반면 한국사회에서 '베트남전 용병'이라고 부를 때는 강대국의 이익을 위해 대신 싸웠다는 의미가 강하고, 특히 사회의 가난한 주변인들을 희생시켰다는 비판이 높다. 이처럼 비판의 맥락이 다르지만 한국군 측의 대응논리는 천편일률이다. 군사학적으로 엄밀한 용병 개념의 정의를 요구하며, 우리 국군은 개인적인 이익을 좇아 참전한 것이 아니라 조국과 민족의 안위를 위해 자유우방의 동맹국으로서 공적인 임무를 수행한 것이라고 주장한다. 이에 더하여 현지에서 독자적인 작전권을 행사했다는 사실까지 부각시킨다. 군사학적으로는 맞을지 모르나 논란이 제기된 맥락에는 전혀 맞지 않는 논리다.

　일단 베트남에서 한국군이 용병으로 간주된 것은 한국군의 애매한 위상 때문이었다. 미군의 자금으로 전쟁을 치렀다는 것도 문제지만, 전쟁의 시작과 끝을 미국이 다 알아서 결정하고 한국군은 개개 전투만 치렀다는 것이 분명한 사실이다. 미군이 휴전하는 데 있어 언제 한국군의 의견을 물어보기라도 했던가? 30만 명 넘게 파병하고선 휴전 여부에 발언권도 갖지 못했다면 이를 어찌 대등한 동맹이라고 할 수 있는가? 따라서 따이한 군대에 대한 베트남인들의 시각에는 '우리는 너희랑 싸우는 게 아니다'라는 인식이 기본적으로 깔려 있었다. 베트남의 중오비들에 자주 등장하는 "미군의 지휘를 받는 남조선 군대"라는 문구는 바로 이러한 인식의 발로이다. 이에 대해서 독자적 작전권 운운하는 것은 전혀 맥락에 맞지 않는 이야기다. 용병이든 아니든 베트남전에 파병된 대한민국의 장병들은 식민지 피지배자와 별반 다를 바 없는 존재로 내몰려 있었다. 대한민국을 제외하고는 전쟁당사국인 미국과 베트남은 물론, 전쟁에 개입하지 않았던 주변의 비동맹국들 모두가 그렇게 바라보았다. 1970년 사이밍턴 청문회에서 의제로 떠오른 한국 파월군이 미국 언론에 의해 공식적으로 "용병"으로 명명된 것은 단순한 실수가 아니었다.

한국적 맥락에서의 용병 논란도 심각하게 겉돌고 있다. 한국의 시민사회 일각에서 베트남 파병군을 용병이라고 지칭했던 맥락은 처음에는 베트남과 미국에서와 마찬가지로 식민지 피지배자의 위치를 가리키는 것이었지만, 시간이 갈수록 사회적 주변인이라는 함의가 강해졌다. 파병군은 대한민국이라는 국가에 의해 노예화된 존재였다. 그들은 국가의 주변부에서 차출되어 국가에 의해 이용당하고 결국 버림받았다. 물론 그들은 엄밀한 군사학적 의미의 용병은 아니다. 용병의 정의가 정치적 목적이 아닌 금전 등 사적인 목적에 의해 타국의 군대에 복무하는 사람들을 의미한다면 대한민국 파월군은 여기에 속하지 않는다. 대영제국이 유라시아 대륙 곳곳에 파견해 제국의 변경을 사수하게 했던 네팔 출신의 구르카족 연대나 프랑스제국이 마찬가지 목적으로 거느렸던 프랑스 외인부대 등과는 기본부터 달랐다. 그렇지만 문제의 핵심은 대한민국 파월군도 국가라는 무소불위의 권력에 휘둘린 존재라는 것이다. 그 국가가 대제국이든 일개 국민국가이든, 개인의 금전적 이익을 위해서 참전했든 아니면 국가가 부과한 병역의무 차원에서 참전했든 상관없이 그들은 전쟁의 주체가 아니라 한낱 도구에 불과했다. 군사학적으로 제한된 논의는 바로 이 점을 간과한다.

　파병군인들이 전쟁 속에서 점했던 위치는 패전에 대한 그들의 태도에서 단적으로 드러난다. 그토록 목숨을 다해 싸운 전쟁에서 패배했음에도 그들 자신은 별로 개의치 않는다. 그들이 정녕 전쟁의 주역이었다면 왜 분통해하지 않았는가? 수많은 전우를 그 땅에 묻고 왔는데, 패전 소식에 최소한 며칠간은 통곡이라도 했어야 하는 것 아닌가? 베트남전에 대한 기억에 있어서도 그들은 국가의 논리에 두말없이 순응한다. 즉 해외파병을 통해 엄청난 실익을 얻었으므로 파병은 옳은 결정이었다는 것이다. 엄청난 외화와 더불어 우리도 해외에 나가서 우방을 도와줄 수 있다는 자부심을 얻었고 결국 이러한 자부심을 바탕으로 중동으로, 더 넓은 세계로 진출할 수 있었다고 본다. 그리고 남베트남의 패망마저 정신적 해이와 무능함이 나라를 망친다는 반면교사로 삼는다. 따라서 패전했어도 크게 아쉬울 것은 없다. 이러한 논리는 전쟁터에서 목숨과 젊음을 잃어버린 이들을 도외시하는 철저히 국가중심적인 기억방식이다.

파월장병들은 국가의 기억을 아무런 의심 없이 자신의 기억으로 받아들여왔다. 국가가 그들을 버렸어도 철저히 국가를 따랐다. 순수한 애국심 때문이 아니라 별다른 논리를 찾을 수 없었기 때문이다. 시민사회 일각에서 얘기하는 평화나 인권, 민주주의 등은 이들이 평생 접해온 가치들과 결이 맞지 않았고, 용병이라는 말은 모욕으로 느껴졌다. 그들 각자의 개인적 고통은 논리적으로 설명하기에는 너무나 뒤엉클어져 있었다. 그런데 묵묵히 국가를 따르던 이 참전용사들이 집결해 사회적 발언권을 주장하게 된 계기는 공교롭게도 민주화된 정부에 대한 반발심이었다. 이들은 오랜 세월 자신들을 억눌러왔던 독재정권에 반기를 든 것이 아니라 억압의 족쇄를 끊고 자유의 문을 활짝 연 민주정권에 분풀이를 했다. 어찌하였건 처음으로 국가와 마주서게 되었다.

2001년 8월 23일 김대중 대통령이 청와대에서 열린 베트남 국가주석 쩐득르엉Trần Đức Lương과의 정상회담 때 과거사의 불행에 대해 사과를 표명하자, 당시의 보수 정치인들과 더불어 베트남참전전우회가 나서서 대통령의 역사인식을 문제 삼았다. 한-베정상회담이 개최되기 바로 4개월 전에 창립된 이 단체는 채명신 장군 등이 발기인으로 참여했는데, 이러한 결집의 배경에는 정부에 대한 불만이 자리 잡고 있었다. 1999년과 2000년 사이에 베트남진실위원회와 「한겨레21」이 시민캠페인 차원에서 벌인 베트남전쟁 민간인학살 진상규명 운동은 참전용사들의 시각으로는 좌파 정권이 국가안보를 위태롭게 하고 있다는 가장 확실한 증좌였다. 국가를 위해 젊음과 목숨을 바친 자신들의 명예에 흠집을 내는 불순세력을 은근히 부추기거나 최소한 무책임하게 방치하고 있는 정부는 과연 어느 나라의 정부인지 의심스럽기 짝이 없었다. 그러나 정작 이들의 명예에 흠집을 낸 것은 김대중 정부가 아니라 옛 군부독재정권이었다. 이들을 헌신짝처럼 내팽개친 박정희 정권은 말할 나위도 없고, 전두환 정권도 재향군인 재편작업을 서두르면서 소규모 친목단체 수준으로 모이던 파월군인들의 조직을 불법화했었다.

전두환 군부독재정권이 무너지자 참전용사들은 '따이한클럽'을 결성하면서 비로소 기지개를 폈지만 본격적으로 존재감을 드러내기 시작한 것은 노태우 정권이 끝나가던 1992년 9월 26일의 경부고속도로 점거사건 때부터였다. 갑자기 고엽제 피해가 사회적 이슈로 제기되면서 오랜 세월 쌓여온 불만이 한꺼번에 폭발했다. 그렇지만 안타깝게도 어제의 용사들은 오늘의 천덕꾸러기로 전락해 있었다. 국가유공자로 제대로 대우해달라는 호소는 물론 지당한 요구이지만 좀 더 설득력 있는 논리가 동반되지 않고는 그저 생떼 이상으로 비쳐지지 않았다. 이들은 자신들의 문제를 익히 들어온 국가

의 논리로 풀어내려 했지만 그렇게는 결코 풀릴 수 없는 문제
였다. 국가는 애초에 이들이 안중에 없었다. 결국 이들이 자
신의 존재감을 부각시키기 위해 쓸 수 있는 수단이라고는 고
작해야 원초적 폭력뿐이었다. 그나마도 더 이상 국가로부터
위임받지 않은 폭력이기에 옛날의 위압적이던 모습은 실종되
고 그저 과도한 연출로 끝나버렸다.

　　다른 무엇보다도 특히 고엽제 피해는 국가로부터 적절
한 보상을, 아니 정당한 배상을 받아야 할 사안이다. 나를 제
발 인정해달라고 떼쓸 것이 아니라 나를 이 지경으로 만든 당
신의 죄를 인정하라고 엄중히 요구할 사안이다. 이른바 '느린
탄환'이라고도 불리는 고엽제는 미군이 베트콩의 활동무대
인 밀림을 황폐화하고 더 나아가 베트남 국토 전체를 불모지
로 만들기 위해 사용했던 맹독성 제초제로, 베트남전의 폭력
성을 여지없이 드러낸다. 미군은 베트남 전역에 1,800만 갤
런에 달하는 고엽제를 살포한 것으로 알려져 있다. 고엽제의
위험성에 대해 전혀 들은 바 없는 전장의 병사들은 공중에서
늘 뿌려대는 고엽제에 무방비로 노출되었다. 고엽제 분말은
나뭇가지와 풀에, 병사들의 옷깃에, 수통에 담은 개울물에도
스며들었으며, 특히 웃통을 벗고 제초작업을 하면서 땀과 제
초제가 범벅이 되곤 했던 병사들이야 더 말할 나위도 없었다.
미군들이 주로 사용한 고엽제는 오렌지 색깔의 저장용기 때

문에 일명 '오렌지 요원agent orange'이라고 불렸는데, 미군 측은 '오렌지'를 뿌리겠으니 당분간 천막이나 벙커 밖으로 나오지 말라고 방송했다지만 이 말을 알아듣는 한국군 병사는 거의 없었다. 심지어 공중에서 떨어지는 물세례를 반기며 샤워를 하는 병사들도 있었다고 한다. 맹독성 다이옥신 화합물인 고엽제는 직접적 살상무기는 아니지만 오히려 더욱 장기적으로 베트남인과 그들의 국토를, 그리고 참전용사들과 그 가족들의 삶을 황폐화했다.

고혈압, 당뇨병, 중추신경장애, 다발성 신경마비, 자극성 피부염, 간질환, 고지혈증 등 명백한 고엽제 피해에 대해 국가가 책임지라고 요구하는 것은 너무도 당연하다. 오히려 너무 늦은 감이 있다. 1991년 하반기에 한 오스트레일리아 교포가 해외에서의 고엽제 피해소송에 대해서 알려오면서 갑자기 사회적 의제로 떠오르지 않았다면 얼마나 더 늦어졌을지 알 수 없는 일이다. 그렇지만 아쉬운 것은 어제의 용사들이 문제에 접근하는 태도다. 그들은 한편으로는 케케묵은 애국심과 반공주의를 내세우면서, 다른 한편으로는 각자의 이권을 챙겼다. 용사들의 거친 몸짓으로 인해 일부 요구사항은 비교적 쉽게 관철되었다. 1993년에 고엽제후유의증 환자지원에 관한 법률이 제정되어 해당 질병에 대한 국비 진료가 시작되었다. 국가에 공헌한 분들을 예우하는 것은 응당 필요하지만, 피해와 가해의 기억은 도외시한 채 그저 복지급여의 대상으로 처우하는 것은 결코 올바른 접근법이 아니다. 고엽제 후유의증환자로 인정받지 못하면 혜택을 받을 수 없다니 이야말로 아직도 국가가 용사들 머리 꼭대기에 군림하며 이들의 명예를 짓밟는 처사가 아닌가. 이 와중에 결성된 대한민국 고엽제전우회(구 월남참전고엽제후유의증전우회)는 국가의 인정을 받은 것에 만족하는 듯 고스란히 그 기준에 따라 회원가입을 제한하고 사회적 대화에도 문을 걸어 잠그고 있다. 왜 참전용사들은 떳떳하게 자신의 아픔과 정당한 몫을 말하지 못하고 국가의 시혜에 의존하는가? 파병용사들이 그나마 차별 없이 '국가유공자'로 예우를 받게 된 것은 이로부터 한참 지난 2009년 이명박 정부 때에 이르러서였다.

국가로부터 고엽제후유의증 환자로 인정받은 용사들은 김영삼 정부 때부터 여타 상이용사들과는 달리 병급 제도의 혜택을 받아왔는데, 국가보훈처가 2017년 1월에 제공한 자료에 따르면, 고엽제후유의증 환자 총 3만 7,324명 중에서 고엽제 고도 1만 1,789명에게 85만 원, 중증도 4,580명에게 60만 원, 경도 2만 964명에게 41만 원의 수당이 지급되었다. 국가보훈처는 2018년도 예산에는 단가를 5% 인상해 책정했다고 발표했다. 이와 더불어 2002년부터 무공훈장을 받지 못한 일반 '참전유공자'들에게 지급되어온 '참전명예수당'을 2017년

22만 원에서 2018년에는 30만 원으로 상향조정했다고 밝혔다. 현재 각 지방자치단체는 국가보훈처와는 별도로 지급되는 참전명예수당을 경쟁적으로 인상하고 있다. 그러나 파병 용사들의 실추된 명예는 유공자라는 칭호나 수당의 지급, 내지는 그 금액의 인상으로 회복될 수 있는 사안이 아니다.

그들 스스로 기본발상부터 전환해야 끊임없는 자기모순으로부터 헤어날 수 있다. 우선 살인마와 용병이라는 누명이 자신의 명예를 훼손시키고 있다는 피해의식에서 벗어나야 한다. 또한 자신의 삶을 짓눌러온 고통이 조국을 위한 숭고한 희생의 증거라는 자기만족적인 기억에서 벗어나야 한다. 그리고 고엽제에 찌든 자신의 몸을 있는 그대로 바라봐야 한다. 참전용사들이여! 왜 고엽제 피해자인 당신들이 반전평화 대신 국익과 안보를 논하시는가? 대체 누가 당신들을 동원하고 몸을 그 지경으로 만들었는지 아시는가? 누가 당신들의 고통을 억누르고 침묵을 강요해왔는지 아시는가? 어느 정권이 그나마 당신들에게 국가에 맞설 자유를 허용했는가?

오랫동안 국가의 기억을 대체할 만한 별다른 방안을 찾지 못했다면 그저 당신들의 몸을 바라보는 것으로 족하다. 몸은 가장 솔직하다. 기억해보시라. 일견 그럴듯한 이데올로기가 당신을 유혹하여 사지로 몰아갈 때 당신은 말로는 애국과 반공을 외치면서도 본능적인 공포에 몸서리치지 않았던가.

그리고 지옥과 같은 전장에서 형언할 수 없는 좌절과 고통이 몸에 사무칠 때 당신은 이미 예감하지 않았던가. 결국 그 상흔이 당신의 현재와 미래까지도 낙인찍을 것임을. 과연 지금 당신에게 진정으로 필요한 것은 조국이 던져주는 고작 몇 푼의 명예인가, 아니면 오랜 세월 빼앗겼던 당신의 몸, 인간의 얼굴을 되찾는 일인가?

파월용사의 상처받은 육체와 영혼

한국사회가 오래도록 남성중심적인 군사문화에 물들어 있었다면, 이는 아마도 고통스러운 몸의 기억에 대한 반작용이었을 것이다. 지나친 충격의 경험은 제대로 해소되지 못하고 신체에 각인되어 장기간 영향력을 행사한다. 어제의 용사들이 영위해가는 현재적 일상이란 전장의 극렬함에 비한다면 너무나 협소하고 비루할 뿐 아니라 취약하고 병적이다. 따라서 뭔가 훨씬 담대하고 영웅적인 이미지가 연출될 필요가 있다. 이와 같은 방어심리는 실은 이미 전장에서도 작동했었다.

이광희가 편집한 『실록 청룡부대』에 실린 이석조 중사의 시 「전우의 영전에 드림」은 편집자의 표기에 따르면 '월남전선에서' 쓴 것인데, 낯선 베트남에서 겪은 육체적 고통을 이성의 육체에 대한 이미지로 승화시켰다.

> 잔뼈 굵어 파도 헤쳐 밟은 곳
> 쉬지 않을 뜨거운 피가 있기에
> 나는 말했도다
> 키워주신 조국에
> 나 너를 위해
> 무엇을 드릴까요 하고
> 그대의 지워지지 않을 영원을
> 자유 위해 평화 위해 달라기에
> 난 아낌없이 후회 없이
> 고이고이 간직한 순결
> 처녀성을 주었다.
> (…)

"뜨거운 피"와 "처녀성"은 전쟁터의 처절하고 암울한 상황과는 참으로 거리가 멀게 느껴진다. 안락한 환경에서 머나먼 전장 소식을 듣고 이런 시를 썼다면 손가락질을 받을 수도 있겠으나 이 시는 전장에서, 그것도 늘 적진 한가운데서 싸우던 청룡 용사가 쓴 것이다. 가장 극단적인 고통의 한가운데서 병사는 현실과는 정반대의 이미지를 상상함으로써 눈앞의 고통을 초극하려 했었다고 보는 게 옳을 것이다. 신성한 몸에 대한 동경은 상처받은 몸에 대한 보상심리의 표현이다. "순결"은 전쟁터에 널린 부패한 시신의 역설적 은유이다.

같은 책에 실린 문성춘 하사의 시 「오! 네 이름 청룡」은 좀 더 남성적인 이미지를 통해 고통의 초극을 꾀했다.

> 모진 슬픔의 한과
> 악취 같은 회의와 절망
> 비탄에 젖은 암흑의 습성을 씻고
> (…)
> 유일한 자유와 평화를 위해
> 행동을 구가하는 근육의 외침들
> (…)

아비규환의 전장에서 자신의 육체적 능력을 확인함으로써 청룡 용사들은 약자에서 강자로, 피해자에서 가해자로 변모해갔다. 그러나 혈기왕성한 "근육의 외침들"은 실제의 모습이기보다는 병사들에게 강요된 이미지에 가까웠다. 국가가 그들의 육체를 그런 방식으로 소비하기를 원했다. 이는 병사들을 일시적인 영웅으로 만들었을지는 몰라도 계속해서 영웅의 반열에 올려주지는 못했다. 귀국 후의 삶 속에서 옛 용사들은, 그들의 몸과 마음은 각자의 방식으로 전쟁을 기억했다. 그리고 그 기억은 평생에 걸쳐 이들의 삶을 지배했다.

1967년 8월에서 1968년 8월까지 '구정공세'를 전후한 1년간 주로 쫄라이와 호이안 지역에서 청룡부대 소대장으로 근무한 정영민 중위는 귀국 후 전쟁의 후유증으로 30대를 매우 우울하게 보냈다. 전장에서 보낸 단 1년의 시간이 평생 그를 그림자처럼 따라다녔다. 1942년 8월 전북 김제의 농촌마을에서 장남으로 태어난 그는 13세 때 어머니를 여의고 전주와 익산으로 기차통학을 하며 고교시절을 보냈다. 자유당 말기의 독재와 부정선거의 참상을 접하고 일찍 현실에 눈이 뜬 그는 고교시절부터 정치인이 되겠다는 포부를 품었다고 한다. 대학 신문학과에 입학한 그는 어느 날 구릿빛 얼굴에 빳빳한 팔각모자에 소위 계급장을 달고 있는 해병대 장교의 모습에 반해 인생의 전환점을 맞이하게 된다. 1964년 10월에 그는 해병대 제34기 사관후보생 모집에 지원서를 냈고 최고의 경쟁률을 뚫고 시험에 합격해 이듬해 진해 해병학교에 입학했다.

베트남전에 차출될 것을 미리 알았더라면 그는 해병대에 지원하지 않았을지도 모른다. 1965년 9월에 해병대 1개 여단인 청룡부대가 건국 후 처음으로 해외에 파병되었고 미국의 요구에 따라 1개 대대를 증파했는데, 정영민 중위는 바로 그 증파 부대의 일원으로 베트남전에 참전하게 되었다. 현재의 아내와 이미 약혼한 상태였다. 뱃멀미가 채 가시지 않은 채 베트남 땅을 밟은 그는 바로 다음 날부터 전투에 투입되었다. 적도 적이지만 끔찍한 더위와 싸우는 것이 참으로 힘들었다고 그는 회고한다. 한 달이 지났을 때 남베트남군과 합동으로 1번국도의 교량 경비에 참가했던 청룡 1개 분대가 남베트남군의 허술한 경비태세로 인해 몰살당한 적이 있는데, 시체를 직접 손으로 일일이 씻어가며 신원을 확인하는 일을 맡은 후 귀국할 때까지 고기를 전혀 입에 대지 못했다고 한다. 그는 결코 냉혈한이 아니었다. 그는 정치인 지망생답게 전황을 냉철하게 판단했고 전투의 승리보다는 대원들을 희생시키지 않는 것을 소대장으로서의 원칙으로 삼았다. 청룡부대는 어차피 많은 희생을 치를 수밖에 없는 역할이었지만 그는 갖가지 핑계를 대면서까지 대원들을 보호했다. 그는 대원들에게 입버릇처럼 말했다. "살아서 돌아가자!"

임무를 마치고 귀국한 그는 군복무 기간을 이미 다 채웠는데도 1970년 8월까지 전역이 연기되는 바람에 파월용사를 위한 신문사 특채를 연령초과로 포기해야 했다. 좌고우면하던 중에 1970년 초 어느 날 전역 예정자 중 교련교사 지원자는 우선 전역을 시켜준다는 국방부 이첩 공문을 받고는 곧바로 신청해 부산 영도에 있는 대양공고에서 교직인생의 첫 발을 떼게 되었다. 원래 예정에 없던 진로 때문이었을까? 신혼

(왼쪽)해병대 정복을 입은 정영민 중위
(오른쪽)1967년 바탄간반도에서 미 해병 앨먼드 중위와 함께 선 정영민 중위

의 단꿈도 잠시, 밤에는 몽유병 환자처럼 발작을 하고 낮에는
두려워서 길을 걸을 수 없는 증상이 나타났다. 버스를 타고
가다가도 옆에 지나가는 차와 충돌하지 않을까, 영도다리를
지날 때는 바다로 추락하지 않을까 하는 극도의 불안감이 엄
습했다. 학교에서는 하루 종일 두통에 시달렸다. 아내가 옆
에서 지극정성으로 간호하지 않았다면 병마를 극복하기 힘들
었을 것이다. 다행히 30대 후반에 들어서면서 몸 상태가 차
츰 호전되었으나 정신을 차리고 보니 세월이 벌써 저만치 흘
러가 있었다. 정치인의 꿈도 접었다. 그는 연고도 없는 부산

에서 33년 동안 교직에 몸을 담았다. 원치 않던 직종이라 처음에는 못마땅했지만, 시간이 흐르며 차츰 적응하고 이후 인문계 고등학교의 담임을 맡으며 해병대에서 익힌 집단야영과 등산 프로그램을 고교 교육과정에 도입하는 등 활약을 거듭했다. KBS 프로그램 〈TV는 사랑을 싣고〉에 만나고 싶은 선생님 자격으로 출연한 적도 있었다. 특유의 직설적인 화법과 불의를 보면 결코 소신을 굽히지 않는 자세로 제자들에게 많은 감화를 주었던 그는 2005년 2월에 정년퇴직했다.

정영민 중위가 겪은 병마는 베트남전 이후 미국 심리학계에 전문용어로 정착된 '외상 후 스트레스 장애post-traumatic stress disorder(PTSD)'의 전형적인 사례라고 할 수 있다. 몸에 각인된 고통의 기억이 잠복해 있다가 별안간 병적인 증상으로 발현하는 것이다. 파월 한국군 중 상당수가 이러한 증후군에 시달려온 것으로 밝혀져 있다. 그렇지만 어제의 용사들이 겪은 고통의 종류는 훨씬 다양하다. 이들의 기구한 삶은 과거로 끝나지 않았다. 이들을 사로잡았던 가혹한 운명은 이들의 육체와 영혼에 거듭해서 상처를 입혔다.

1968년 1월에서 1970년 1월까지 2년간 맹호부대 천하제1연대 소속으로 베트남전에 참전한 송정기 병장은 현재 오른팔에 의수를 착용하고 다니지만 상이용사가 아니다. 베트남에 상륙하자마자 곧 구정공세가 시작되어 한 치 앞을 알 수 없는 시기이기는 했지만, 꾸이년항에서 멀지 않은 작은 섬에 배치되어 주로 그곳에 머물면서 별 이동 없이 중화기포 사수로 매복조를 지원하는 임무를 수행했기 때문에 기억에 남을 만한 큰 사건이 별로 없었다. 큰 부상 없이 귀국한 그에게 베트남전 참전은 힘겨운 세상살이 중의 그저 한 고비에 불과했다.

송정기 병장이 의무기간보다 1년 더 연장해서 근무했던 것은 물론 가난 때문이었다. 1945년 10월 전남 고흥군 동강면에서 태어난 그는 고교 1학년 때 부친을 여의었고 농사일을 거들며 빈궁한 10대를 보냈다. 상업고등학교를 중퇴한 그는 앞길을 찾지 못하고 전전긍긍하다가 1966년 9월 만 22세를 앞두고 육군에 입대했다. 그리고 하급병사 생활에 지치고 울적한 심정으로 베트남전에 자원했다. 어차피 살기 힘든 마당에 전쟁터로 간다고 해서 특별히 두려울 것은 없었다. 그래서 결국 연장 근무까지 신청해 2년간의 젊음을 전장에 바쳤다. 그러나 귀국 후에도 생활고는 해결되지 않았다. 그는 월남전선보다 더 두려운 것이 생계전선이었다고 회고한다.

서점의 점원으로 2년간 근무했지만 벌이가 신통치 않아 목재 공장에 취업했는데, 그곳의 녹 냄새를 맡으면 기침이 멈추지 않아 병원에 가보니 급성폐렴 진단이 나왔다. 당시는 몰랐지만 확실히 고엽제의 영향이었다. 결국 맑은 공기를 마시며 일할 수 있는 직종을 찾은 것이 다름 아닌 마도로스였다.

돈 없고 빽 없이는 선원이 되기도 어려운 시절에 그는 베트남에서처럼 운이 좋아 외항선에 승선할 수 있었다. 20대 후반부터 장장 20년간 전 세계의 바다를 누비며 일했다. 원양어선, 원양상선, 벌크선, 인력송출선, 원목선, 라이나선 등 온갖 배를 몰고 다닌 끝에 갑판장으로 승진했다. 그것은 날마다 힘겨운 전쟁이었다. 태풍을 만나면 화물이 쓰러져 배가 뒤집힐까 노심초사했고 평온한 날이면 마음이 걷잡을 수 없었다. 지치고, 고독하고, 따분하고, 뚜렷한 대상 없는 복수심에 불타는 나날이 수없이 지나갔다. 하지만 망망대해의 별들과 여명은 늘 아름다웠다. 한 선장의 딸과 결혼한 그는 힘들 때마다 가족을 떠올리며 마음을 달래곤 했다.

그의 인생에서 결정적인 분기점은 일본행이었다. 선원생활도 가족의 생계를 보장해주지 못했기에 중년의 나이에 또다시 모험을 감행해야 했다. 선원으로 일할 때 일본에 자주 드나들면서 그곳에서 일하는 한국인 노동자들을 접할 수 있었던 터라 1991년 초에 20년 선원생활을 청산하고 동년 7월에 15일간의 여행비자로 일본에 입국했다. 미사토三郷 시 소재의 한 유한회사에서 불법취업자 신세로 일하게 되었다. 채색타일을 제조하는 이 회사는 재일교포가 운영했지만 그의 한국 이름을 묻지도 않고 고야마라는 일본 이름을 붙여주었다. 공장의 간이숙소에서 기거하며 수용소 생활과 다름없이

저자와 면담 중인 송정기 어르신

4년여의 세월을 보내던 그에게 베트남 전장에서도 피했던 불운이 기어이 닥쳤다. 1995년 11월 30일 오전 8시경 공장 동료의 실수로 그만 프레스기계에 오른팔이 걸려 상단이 절단되어버린 것이다. 순식간에 암흑이 찾아왔다. 병원에서 의식을 되찾았을 때 그는 청천벽력 같은 현실 앞에 눈물만 흘렸다. 100여 일간 병상에 누워 있던 그는 퇴원일이 정해진 것을 확인하고 1996년도 봄날 과감히 병원을 탈출했다. 그간의 회사측 행태로 보아 해코지할 것이 틀림없어 보였기 때문이다. 그는 곧바로 가와사키川崎 시 소재의 '가나가와神奈川 시티 유니언'을 찾아가 호소하게 되었다. 그곳은 이주노동자의 권익을 보호하는 특수노동조합으로, 대표자인 무라야마 사토시 서기장의 전폭적인 지원 덕택에 송정기 병장은 공식조사와 복잡한 소송절차를 거쳐 결국 산재장애 5급 판정을 받고 월 16만 엔의 산재연금을 수령하게 되었다. 그는 1997년 3월 25일 귀국했고 이후 다시 도일하여 소송을 마무리 지었다. '바꾸어지지 않는 운명'이라는 제목을 단 편지글에 송정기 병장은 이런 글귀를 담아 보냈다.

> 대한민국 국민으로서 국내에서 생과 삶을 영위하지 못하고 왜 위험한 세상 속으로만 유도되어 외국으로만 떠돌며 살아야 했던 방랑자 팔자지만 때론 천지신명이 원망스럽기도 하고, 돌이켜 생각해보면 이것이 또한 타고난 나의 운명 아니던가, 어쩔 수가 없나보다 하고, 편하게 이해하며 잊고 살려고 애를 씁니다.

가난과 불행은 파월용사들의 몸과 마음에 끊임없이 상해를 입혔다. 설령 전장에서는 무사했더라도 기구한 운명을 끝내 벗어나지 못했다. 그나마 그들의 손을 잡아준 것은 가족과 더불어 무라야마 사토시 같은 의인들이었다. 늘 복종을 강요하면서도 정작 필요할 때는 없었던 국가는 과연 그들에게 어떠한 존재였던가?

5 장
—
사과와 용서

우리는 누가복음에 나오는

예수님의 기도를 뒤집어서 말해보고자 한다:

주여, 저들을 용서하지 마소서.

저들은 자신이 무슨 짓을 저지르는지 알고 있나이다.

|

블라디미르 장켈레비치Vladimir Jankelevitch,

『공소시효 부적용L'Imprescriptible』(1971)

김광휘의 2014년도 소설『귀인』은 바른 성품을 지닌 한재민 소위와 베트콩 출신인 비운의 여인 마이의 슬픈 사랑 이야기다. 악연으로 출발했지만 비극적 사랑으로 결말 맺고, 비극으로부터 다시 밝은 미래로 나아가는 사람들의 이야기다. 한국군이 쏜 대포에 두 아이를 잃은 베트콩 여인은 포를 쏜 장본인인 주인공에게 복수하려 들지만 어느덧 두 사람 간에는 사랑이 움트게 되고 결혼을 약속하는 관계로까지 발전한다. 그러나 전쟁의 포화 속에 안타깝게도 여인은 아기만을 남기고 불귀의 객이 되고 만다. 전쟁이 끝나고 잠시 포로 신세가 되었던 주인공은 베트남을 떠나지 않고 딸아이를 찾아내 현지에서 키우면서 기업활동과 자선사업에 매진하여 통일된 베트남 사회에 크게 기여한다. 독자는 이 슬프고 아름다운 이야기에서 악연이 새로운 인연으로 전환되는 하나의 모형을 발견한다.

　　한국인은 베트남인들에게 크나큰 죄를 지었다. 어떤 이

유에서든 베트남인들에게 큰 피해를 입힌 것은 사실이다. 만약 허튼 변명을 하지 않고 진심으로 사과한다면 과연 용서를 얻을 수 있을까? 죄를 지은 만큼 호의를 베푼다면 악연을 인연으로 전환시킬 수 있을까? 우리 생각에는 우리가 '선의'를 가지고 있다면 그들도 받아들여줄 거라고 믿고 싶지만 결정권은 그들이 가지고 있다. 그것은 피해자의 특권이다. 만약 우리가 그들에게 마음의 문을 열라고 소란을 피운다면 그것은 결코 사과하는 자세가 아니다. 사과하는 자의 기본 자세는 일단 가해사실을 자백하고 이에 따르는 온갖 수모와 불이익을 감수하겠다고 다짐하는 것이다. 물론 그런 자세를 갖추었다고 해도 이미 엎질러진 물을 담을 수는 없는 법이다. 죽은 사람이 살아 돌아올 리도 없다. 어쩌면 사과의 행위는 가해자의 자기위안에 지나지 않을 수도 있다. 그러므로 피해자의 진심 어린 용서를 받는다는 것은 참으로 요원한 일이다. 더구나 화해와 상생을 논하는 것은 섣부르기 이를 데 없다.

사과와 용서의 문제에 있어 늘 혼란을 야기하는 것은 과연 누가 누구에게 사과하고 누가 누구를 용서하는가이다. 옛 일본군 위안부 피해자 할머니들을 옆으로 밀쳐둔 채 한국 정부 마음대로 과거의 악행에 대해 제대로 사과하지도 않은 일본 정부에 용서를 베푼 것이 비근한 사례이다. 정부가 대체 무슨 자격으로 용서를 베푼다는 말인가? 가해자 측의 사과를 받아냈다고? 사과하는 사람이 이번 사과가 끝이라며 합의의 '불가역성'을 주장하는 것도 사과라고 말할 수 있는가? 사과의 전제조건은 용서받지 못할 수 있다는 가능성을 인정하는 것이다. 겨우 한마디 사과로 아픈 과거를 되돌릴 수는 없다는 사실, 치유의 원천적 불가능성을 받아들이는 것이다. 우리가 가고자 하는 베트남 빈딘성은 말하자면 한재민 소위가 애타게 찾아 나섰던 사랑하는 여인 마이가 기다리는 곳, 우리를 애달프게 부르지만 아무리 달려가도 결코 도달할 수 없는 세상의 이름이다.

가해자의 얼굴

진심 어린 사과가 드문 것은 사람들이 대부분 자신을 피해자로 여기지 가해자라고는 생각하지 않기 때문이다. 주어진 여건에 따라 어쩔 수 없이 사과하더라도 마음속에는 늘 자기변명의 여지가 남아 있다. 물론 각 사안마다 진상은 천차만별이다. 정말 질이 나쁜 사람도 있을 것이며 나름 그럴듯한 대의를 실현하려다 무리수를 둔 사람도, 죄 없이 억울하게 가해자로 몰린 사람도, 심지어는 가해자라기보다는 오히려 피해자에 가까운 사람도 적지 않을 것이다. 동일한 상황에서도 인간의 행태는 저마다 다르다. 김광휘의『귀인』에 나오는 도기수 하사처럼 농가의 어린 소녀를 범하고 대검으로 살해한 후 우물에 던져 넣은 악랄한 부류도 있겠지만, 안정효의『하얀 전쟁』의 주인공 한기주 병장처럼 살육의 광란에 치를 떨며 이 전쟁의 의미에 대해 회의하던 지식인 부류도 있을 테고, 심지어는 한기주의 동료 소대원 변기수 일병처럼 극단적 폭력의 트라우마에 짓눌려 자아의 붕괴로 치달았던 심약한 부류도 적지 않을 것이다. 이와 같은 개인차와 자기결정의 여지는 본래는 도덕적 책임 추궁의 근거가 되지만 대부분의 사람들은 이를 오히려 개개의 상황논리로 뒤바꾸어 자기변명의 근거로 삼는다. 가해자들은 말한다. 나를 죄인으로 취급하면 정말 억울하다, 나의 경우는 남들의 일반적인 기준으로 판단해서는 안 될 특수한 측면이 있다, 누구라도 내 입장에 처하게 되면 성인군자처럼 행동하기는 힘들었을 것이다, 나는 그나마 온정적이었던 편이다….

민간인학살에 대해 책임을 추궁 받은 베트남전 참전용사들은 주로 상황논리를 통해 책임을 희석시키려 한다. 게릴라 전쟁은 그야말로 잔혹했다. 아군의 월등한 군사력 앞에서 게릴라는 정정당당하게 맞서지 않고 비열한 테러와 저격에 의존했다. 만약 당신이 게릴라와 싸우는 정규군이라면 어찌할 것인가? 당신을 물끄러미 쳐다보는 마을 주민을 그저 순진한 양민으로 믿으며 경계를 게을리해도 될까? 그들 중 일부는 양민으로 위장한 게릴라일 수 있는데다, 설령 위협 때문에 어쩔 수 없는 처사였더라도 게릴라에게 음식물과 잠자리를 제공했을 터인데 어찌 적대하지 않을 수 있겠는가? 그들이 게릴라를 무서워하는 만큼은 이쪽도 무섭다는 사실을 깨닫게 해주어야 하지 않겠는가? 혹시나 정말로 순수한 양민이 피해를 당했다면, 그저 운이 나빴을 뿐이다. 전쟁이란 원래 비정한 것이다. 변명의 이유는 그 밖에도 차고 넘친다. 한국군은 대체로 통역관을 수행하지 않아 현지 민간인들과 의사소통이 거의 불가능했고 그런 만큼 병사들은 낯선 환경에 대한 공포로 인해 쉽사리 이성을 상실하고 극단적으로 행동하기 쉬웠다. 만약 무고한 주민들이 피해를 입었다면 그 책임은 전쟁터에 동원된 병사 개개인이 아니라 가난한 사람들끼리 서로 죽이게 만든 국가가 부담해야 할 몫이다. 따라서 그저 명령을 따랐을 뿐인 병사는 죄가 없다….

이런 식의 논리는 분명히 일부의 진실을 담고 있지만 중요한 것은 그 진실을 누가 말하고 있는가이다. 가해자가 스스로를 면책하는 논리라면 설령 그것이 사실에 부합하더라도 진실과는 거리가 멀다. 참전용사들이 여전히 국가 차원의 사과조차 반대하는 걸 보면, 베트남인들에게 어쩔 수 없이 피해를 입혔다는 말은 진실이 아니다.

베트남전 참전용사들은 자신이 베트남에서 했던 일을 있는 그대로 기억할 용기를 갖기 힘들었을 것이다. 기억을 온전히 보존하고는 다시금 안락한 일상을 영위할 수가 없었을 테니까. 그래서 삶을 지속하기 위해 기억을 지웠을 것이다. 스스로를 가해자로 인정하는 것은 무척 힘든 일이다. 그 순간부터 도덕성 추락, 정치적 정당성의 실종, 사법적 책임, 금전적 부담까지 온갖 불이익이 따라오게 되어 있다. 따라서 스스로를 상황논리로 변호하며 자기연민에 빠져드는 편이 훨씬 유리하다. 피해자의 위치에 서는 것은 여러모로 편리하다. 무엇보다 도덕적 고지를 선점할 수 있어 저절로 면책되고 모든 사회적 공세로부터 자유롭게 된다. 이렇게 획득된 신성불가침의 특권은 사회적 금기로 위장되기 쉽다.

앞서 살펴보았듯이, 프로이트는 『인간 모세와 유일신교』에서 모세의 십계명이 이집트인 모세를 살해한 죄책감에 원천을 두고 있다고 주장한 바 있다. 엄격한 도덕적 금기에는 억압되어야만 할 무언가가 자리 잡고 있는 것이다. 가해자의 기억은 아픔의 기억으로 둔갑해 비극을 종식시킨다는 명분 아래 금기의 성벽으로 둘러쳐지고 접근이 금지된다. 베트남인들에 대한 가해의 기억도 병사들이 자유를 수호하기 위해 감수해야 했던 희생의 기억으로만 남아 '빨갱이'들과는 타협이 없다는 금기의 성벽을 만들고 더 이상의 기억을 금지했다.

한국사회의 군사화 및 발전지상주의는 어쩌면 모세를 살해한 유대인들의 과도한 신앙심과 같은 것인지도 모른다.

온갖 무용담과 숭고한 희생의 신화를 깨고 가해자의 기억을 되찾는 것은 과연 가능할까? 본래 가해자는 피해자보다도 훨씬 심기가 복잡한 법이다. 피해자의 침묵이 좌절감의 발로이자 고통의 부담으로부터 벗어나기 위한 의도적인 선택이라면, 가해자는 침묵만으로는 과거를 숨길 수 없다. 가해자는 과거를 미화하거나 나도 힘들었다는 식의 자기연민에 빠져드는 우회로를 택해야 한다. 구약성경이 전하듯이, 야훼가 동생을 죽인 카인에게 "네 동생 아벨은 어디에 있느냐?"라고 물었을 때 카인은 그저 모른다고 잡아떼는 대신 역공세를 펼친다. "제가 아우를 지키는 사람입니까?" 가해자의 지능적인 '논점 흐리기'는 피해자의 침묵과 마찬가지로 자기방어의 수단이다. 침략자, 학살자, 부역자, 기회주의자, 방관자 등 온갖 종류의 가해자들이 다양한 방식으로 망각을 획책한다. 20세기 중엽에 활동했던 오스트리아 철학자 귄터 안더스Günther Anders는 이른바 '아이히만 재판'으로 잘 알려진 나치 전범 아돌프 아이히만Adolf Eichmann의 아들 클라우스Klaus Eichmann에게 보내는 공개서한에서 다음과 같이 피력한 바 있다. "[기억에 대한] 억압은 흔히 행위가 이루어진 이후가 아니라 행위 그 자체 속에, 행동 중에, 아니 행위 이전에, 바로 그것의 전제조건으로 기능한다"(Aleida Assmann 2006, 92쪽). 희생자에게 총부리를 들이대기 이전부터 이미 가해자의 망각은 예정되어 있다. 참상이 낱낱이 밝혀질 것을 예상했다면 차마 방아쇠를 당기기 힘들었을 것이다.

가해자의 기억을 되살린다는 것은 망각을 통해 감추려 했던 죄상을 드러내는 것이다. 가해자의 망각행위는 사실상 피해자에 대한 모독이었다. 이제 죄를 실토한 이상 가해자는 보복이나 처벌, 혹은 속죄의 날을 기다려야 한다. 이것은 참으로 괴로운 순간이다. 그동안 가해자를 엄호해주던 모든 안전장치들이 한순간에 사라지고 부끄러운 기억만이 남는다. 물론 가해자는 원통함을 느낄 것이다. 어쩔 수 없는 상황 속에서 벌어진 일이고 혼자만 잘못한 것도 아니며 자신의 죄가 남보다 특별히 더 큰 것도 아닌데 왜 자신만이 이런 고통을 감수해야 하느냐고 묻게 될 것이다. 그렇지만 과거사의 꼬인 매듭을 푸는 실마리는 상대방도 원통하다는 점을 인정하는 일이다. 나의 원통함은 나로 인해 피해 입은 타인의 고통에 비하면 대수롭지 않은 것이다. 더구나 후세대를 생각한다면 내가 힘들더라도 참회의 길로 나서야 한다. 설령 나는 부끄러운 과거를 묻어 두고 가는 데 성공하더라도, 내 후손은 어떻게 될 것인가? 한평생의 불안과 인격장애를 보고 자란 자식 세대는 평생 침묵했던 피해자의 후손들과 마찬가지로 영원한 자기환멸의 불지옥에 저당 잡힌 영혼들로 살게 될 것이다.

　　가해자가 자신의 기억과 인격을 되찾는 길은 피해자에게 정말로 미안한 감정을 갖는 것이다. 떳떳함을 가장할수록 영혼은 썩어들어간다. 이청준의 1985년작 단편소설 「숨은 손가락」은 한국사회를 어지럽혔던 이념적 갈등의 한가운데서 피해와 가해의 기억으로 얼룩진 한 개인의 내면과 속죄의 가능성을 탐구했다. 이 소설에서 정치적 이념은 "그저 자기 개인의 숨은 이해"에 불과하고 오히려 그 이면에 놓인 감정의 골이 중요하다. 주인공 나동준은 시골마을의 동갑내기 친구 백현우의 골이 깊은 시기심과 나씨와 백씨 가문 간의 원한관계로 인해 부지불식간에 나락으로 발을 내딛게 된다. 이념갈등 속에서 서로 반대편에 서게 된 상황 속에서 먼저 승기를 잡아 인민재판을 주동하게 된 현우는 동준에게 목숨을 구해주는 대가로 그 자신을 포함한 반동분자 중의 수괴를 고발하도록 강요한다. 자신의 목숨을 건지기 위해 무고한 친척을 고발한 동준은 가해자로서 양심의 가책에 시달리게 된다. 가까스로 탈출하여 반전의 기회를 잡게 되지만 마을 사람들로부터 배척당한다. 이면의 진실을 알지 못하는 사람들은 타인을 지목한 동준의 손가락을 저주하기만 할 뿐, 마을 사람을 구하는 척하면서 자작극으로 스스로 잘라버렸지만 실제로는 비극의 원흉인 현우의 "숨은 손가락"을 보지 못했다. 결국 "동준의 진실은 끝끝내 동준 자신의 것일 수밖에" 없었고 그는 자살을 통해 이 참담한 갈등을 스스로 마무리한다.

우리가 알고 있는 가해자는 어쩌면 피해자일지도 모른다. 정작 가해자의 '숨은 손가락'은 장막에 가려 있다. 술수가 대단한 백현우처럼 진짜 가해자는 주변사람들에 대한 헌신을 가장할지도 모른다. 이 소설은 여러 가지 함의를 담고 있지만 우리는 동준의 자살에 주목해볼 필요가 있다. 그의 비극적인 자살은 적수인 현우에게 죽음으로 복수한 것처럼 보이기도 하지만, 이보다는 자신의 손가락질로 인해 희생당한 사람들에 대한 마지막 속죄행위로 볼 여지는 없을까? 억울함에도 불구하고 기꺼이 사과하는 마음. 어쩌면 작가 이청준은 이것을 우리에게 말하고 싶었던 것이 아닐까?

이러한 해석은 작가의 다른 소설을 보면 신빙성이 더 높아진다. 1992년작 단편소설 「가해자의 얼굴」은 소년시절에 겪었던 한국전쟁의 기억 때문에 스스로를 가해자로 단정하고 살아온 한 불행한 개인의 이야기를 담고 있다. 소년은 전쟁의 피해자인 동시에 가해자다. 시가전이 한창인 가운데 문밖에서 초조하고 불안한 마음으로 실종된 고숙의 소식을 기다리던 중학생 아이는 소식을 전하러 온 청년에게 집에 들어오라는 말을 하지 않고 무뚝뚝하게 침묵을 지킴으로써 결국 그를 죽음의 거리로 내몬다. 그 이후 소년은 한평생 성장을 멈춘 채 문밖에서 마냥 떨고 서 있는 아이 상태로 머문다. 소년은 자신이 전쟁의 피해자라고 되뇌어보지만 그것은 자기변명에 불과하다. 그는 두려움과 불안감에 시달리며 과거의 진실을 감추려고 애쓰는 동시에 뒤늦게나마 지난날의 허울과 맞서 속죄하고 싶은 충동을 느낀다.

소년은 분명히 알고 있었다. 그 청년이 거리로 나서면 목숨을 부지하기 힘들다는 것을. 「숨은 손가락」의 나동준도 자신의 손가락으로 지목한 타인이 곧바로 처형될 것임을 잘 알고 있었다. 바로 이러한 사실이 평생토록 내면을 들쑤셔온 것이다. 이제 필요한 것은 기꺼이 가해자인 자신의 얼굴을, 그 초라한 민낯을 드러내겠다는 결단이다. 중년이 된 주인공은 운동권 대학생인 딸과 논쟁하는 와중에 민족의 수난이라는 논리의 허점을 지적하며 자신의 결단을 밝힌다. "세월의 힘을 빌려 가해자와 수난자의 자리가 바뀌는 것도 우스운 일이지만 그래서 나는 너나없이 늘 가해 당시의 자기 자리에 서서 그때의 허물을 생각하고 그 빚을 갚으려는 자세로 임해야 [한다]"(이청준 1992, 171쪽).

가해자의 자리에서 속죄하겠다는 결단이야말로 가해자와 피해자의 악연을 끊는 유일한 길이다. 과거를 연구하는 역사가의 입장에서는 가해와 피해의 이분법으로 환원될 수 없는 진실의 다면성을 종합적으로 고려해야겠지만 가해당사자가 이런 논리를 내세우는 것은 비겁한 변명일 뿐이다. 만약 피해자가 남이 아니라 내 부모와 형제라고 해도 그런 식으로 주장할 것인가? 남의 죄를 기억하기는 쉽지만 자신의 죄를 인정하기란 쉽지 않다. 이렇게 볼 때 참전용사들 스스로가 아니라 시민사회 일각에서 분출된 베트남전 참전과 민간인학살에 대한 비판은 일정한 한계를 지닌다. 이 또한 남의 죄를 기억하는 데 불과하기 때문이다.

가해자의 기억이라는 까다로운 문제를 논하는 데 있어 독일인들의 치열한 고민을 참고하는 것은 유용하다. '아우슈비츠'라는 수용소 지명으로 상징되는 600만여 명의 유대인 학살과 여타의 적대·혐오세력에 대한 대규모 학살 및 박해를 자행한 독일 민족에게 변명이란 애초에 불가능해 보였다. 그 정도 규모의 범죄라면 몇몇 악한의 주동만으로 가능했을 리 만무하기 때문이다. 물론 독일인들이라고 왜 억울함이 없겠는가. 연합국의 융단폭격을 받아 폐허가 된 함부르크와 드레스덴의 일반 시민들, 소련 점령군에 의해 부지기수로 강간된 여인들, 패전과 더불어 몰려든 동유럽 출신의 독일계 실향민들이 과연 무슨 죄가 있었겠나? 그러나 전후의 세계는 독일인들에게 원통함을 호소할 권리를 인정하지 않았다. 세계적 지명도를 지닌 독일 작가 제발트Winfried G. Sebald가 1999년에 출간된 에세이『공중전과 문학Luftkrieg und Literatur』에서 왜

20세기가 다 끝나가는 시점까지도 독일인의 입장에서 연합국의 공습을 다룬 저작이 별로 없는지 한탄했을 정도였다.

그런데 외부로부터 강요된 가해자 의식은 독일인들의 내면에 반발심 아니면 자기분열을 초래했다. 전후 세대의 독일인들에게 과거사는 부담스러운 것이 되었다. 그들은 조상의 잘못을 대신 반성하며 그 죄업을 기꺼이 민족적 정체성의 일부로 삼고자 했으나 이는 결코 쉬운 일이 아니었다. 그러한 억지 반성은 결국 과거의 의미에 대한 전면적인 부정과 새로운 도덕적 계율에 대한 집착을 낳았다. 그들은 새로운 민주사회의 도덕적 이상을 지지함으로써 과거를 극복했다고 생각했으나 실은 그저 과거를 회피하고 있었을 뿐이다. 바로 이러한 정신상태를 독일 사회심리학자 미철리히 부부Alexander Mitscherlich·Margarete Mitscherlich는 일찍이 1960년대에 "애도 능력의 결여"로 규정한 바 있다. 독일인들은 가해자인 자기 민족과 피해자 중 어느 쪽도 겸허하게 '애도'하지 못한 채 자기연민에 빠져 '우울'할 뿐이라는 것이다. 독일 예술가 안젤름 키퍼Anselm Kiefer가 히틀러의 유명한 나치식 경례를 스스로 연출한 사진을 찍어 공개함으로써 도발을 감행했던 것도 같은 맥락이었다. 극우파가 전혀 아니었던 이 예술가는 독일 전통에 대한 연민과 의심, 미화와 조롱, 도발과 자기희화 사이를 줄타기함으로써 독일인들에게 가해자의 민낯을 드러내도록 촉구했다.

소설『양철북Die Blechtrommel』으로 잘 알려진 독일 문학가 권터 그라스Günter Grass는 2002년 발표한 소설『게걸음으로Im Krebsgang』에서 독일인들의 분열된 기억을 다시금 부각했다. 새천년 초에 나온 이 작품은 제2차 세계대전 말기의 피란선 침몰사건을 다루었다. 1945년 1월, 독일 피난민 9,000여 명을 태우고 발트해를 항해 중이던 빌헬름 구스틀로프 호는 러시아 잠수함이 발사한 어뢰 세 발을 맞고 침몰했다. 이 주제는 민족통일 후 발호하던 신나치세력의 구미에 맞을 만한 것이었지만 노벨문학상 수상자이자 독일의 '행동하는 양심'으로 꼽히는 대문호는 전혀 다른 방식으로 주제에 접근했다. 제목이 암시하듯, 저자는 '게걸음'처럼 옆으로 느릿느릿하게 걸어가는 방식으로 불행했던 과거를 조망했다. 전쟁이 무고한 독일인들을 대거 희생시킨 것은 엄연한 사실이다. 이는 주변 눈치를 보며 억지로 잊으려 해보았자 잊힐 수 있는 사안이 아니다. 침묵은 오히려 극우파에게 진실을 내맡기는 결과를 초래한다. 따라서 역사 속에 있었던 개개인들의 삶과 행위에 차근차근 주목할 필요가 있다. 왜 이 사고의 희생자 중 하필 여성과 어린이들이 많았던가? 그것은 약자에 대한 배려 없이 서로 저만 살려고 아귀다툼을 벌였기 때문이다. 많은 독일인들이 희생된 것은 맞지만 각자는 저마다의 원통함과 속죄의 몫을 지니고 있다. 희생은 결코 미화되어서는 안 된다.

권터 그라스는 금기를 깨고 독일인들의 피해를 적극적으로 드러내려 했지만 그렇다고 해서 민족적 죄과를 부정하려 했던 것은 아니다. 하나의 고통은 다른 고통을 가릴 수 없다. 나의 고통을 입증한다고 해서 타인을 고통에 빠뜨린 나의 죄가 면해지는 것은 아니다. 작가의 고뇌가 얼마나 심각한 것이었는지는 그로부터 얼마 후에 나온 회고록에서 충격적으로 드러났다. 2006년 발표한 자서전 『양파 껍질을 벗기며 *Beim Häuten der Zwiebel*』에서 그라스는 자신이 청년기에 나치 친위대로 복무했음을 고백했다. 독일의 '행동하는 양심'이 전후 60년이 지난 후에야 비로소 토로한 진실이었다. 이에 대해 전 세계적으로 비난과 찬사가 동시에 쏟아졌는데, 자전적 요소가 강한 작품들을 통해 민족의 죄업에 대해 깊게 성찰해왔던 국민작가가 정작 자신의 과거는 숨겨왔다는 사실에 모두들 충격을 받았다. 과거의 진실과 맞대면하는 일은 이 대문호에게도 반세기 이상의 망설임을 필요로 했던 것이다.

회상은 양파를 닮았다. 껍질이 하나하나 벗겨질 때마다 오래전에 잊혔던 사실들, 저 까마득한 어린 시절의 젖니까지도 남김없이 드러난다…. 껍질을 썰다 보면 눈물이 나고, 그 눈물은 우리의 시야를 흐리게 한다(권터 그라스 2015, 348쪽).

미안해요, 베트남

....

베트남전 종전으로 끊겼던 한국과 베트남의 관계는 1992년 12월 공식 수교를 통해 재개된다. 수교 이전에 이미 베트남 정부는 '과거를 딛고 미래로 가자'는 구호 아래 실용주의 노선을 채택하고 있었다. 1986년 12월 베트남 공산당 제6차 대회에서 이른바 '도이 머이Đổi mới', 즉 '새롭게 바꾸자'는 슬로건이 등장한 이래, 베트남 정부는 1975년 통일 직후부터 전국적으로 시행해온 사회주의적 계획경제를 일정하게 자본주의적 자유경제로 대체하는 일련의 개혁에 착수했다. 도이 머이 경제개혁은 해외자본을 적극적으로 끌어들이고 기업경영의 노하우를 하루빨리 습득하기 위해 옛 적국들과의 화친도 서슴지 않았다. 어차피 전쟁에서 빛나는 승리를 거두었고 민족해방이라는 대업을 성취했기에 과거에 연연할 하등의 이유가 없다고 믿었다. 이러한 노선은 더 나은 미래를 건설하기 위한 현명한 선택일 수 있었겠지만, 국가발전을 위해 개인의 불행쯤은 무시되어도 좋다는 발상은 대한민국 보수 정권들의 입장과 별반 다를 바 없다.

비록 베트남사회주의공화국 스스로는 과거사를 더 이상 문제 삼지 않기를 원하지만, 그렇다고 해서 한국인의 책임이 자동적으로 면제되는 것은 아니다. 피해자가 통 큰 자세를 보이더라도 가해자의 입장은 그렇게 간단치 않다. 부산에서 활동하는 노동운동가 황이라 씨는 2012년에 활동가 해외연수 프로그램에 참가할 기회를 얻어 베트남에 다녀왔다. 베트남전 참전용사의 딸인 그는 베트남의 호찌민시에 있는 전쟁증적박물관에서 끔찍한 사진들을 보며 충격을 받았다. 이 해외연수를 후원한 민들레기금의 보고서에 실린 「아버지, 그리고 베트남」이라는 짧은 글에서 그는 토로했다. "아버지는 어땠을까. 내 아버지가 나를 낳고, 나를 키우며 보여준 모습으로는 그런 끔찍한 현장에 계셨다는 것이 도저히 믿어지지가 않았다." 그는 박물관을 나서며 떨리는 몸과 마음을 주체할 수 없었다. "아버지는 당신의 오른쪽 정강이뼈에 난 총탄의 흔적처럼, 그들을 마음에 품고 사셨을까? 아버지는 사과하고 싶으셨을까?"

1947년생인 그의 아버지는 1년간의 암 투병 끝에 2008년 설을 일주일 앞두고 영면했다. 전쟁터에서 귀국한 후 부친의 삶은 그리 밝지 못했다. 장남이 불의의 사고로 세상을 떠난 후 부친은 실의에 빠져 한동안 방황했다. 마침 일하던 구미공단의 회사에서 이란으로 갈 인력을 모집하고 있었기에 자원해 마치 도피하듯이 중동에 나갔지만 두 달 만에 현지에서 전쟁이 발발하는 바람에 발이 묶여 오도 가도 못하고 있다가 10개월 만에 맨손으로 되돌아왔다. 과연 이런 아버지도 가해자라 할 수 있을까? 황이라 씨는 부친에게 뒤늦게나마 기회를 주고 싶어한다. 아버지가 끝내 할 수 없었던 일을 자식으로서 대신하는 것이 진정으로 아버지를 위하는 길이라고 생각한다. "그리고 나는 믿는다. 내가 알고 있는 아버지라면 분명, 당신을 대신해 사과하는 것을 고맙고 대견하게 여기실 거라는 걸." 황이라 씨는 보고서 글을 이렇게 끝맺었다. "미안해요, 베트남."

'미안해요, 베트남'은 1999년 이래 한국의 시민사회가 베트남 민간인학살에 대한 사죄를 목표로 벌여온 평화·인권운동의 슬로건이다. 1999년 5월의 「한겨레21」 제256호에 실린 특집기사 "아! 몸서리 처지는 한국군"이 일으킨 폭발적인 반응과 이 기사를 계기로 1999년 10월 말부터 이듬해 9월 말까지 약 46주간 진행된 '민간인학살사건'에 대한 캠페인 연재를 바탕으로 '베트남전 진실위원회(구 베트남전 양민학살 진상규명대책위원회)'가 결성되었다. '나와 우리' 등 전국의 14개 시민사회 단체가 모여서 2000년 초에 만든 이 연합체는 성금을 모금해 진실규명과 피해자 지원, 평화캠프 등 다양한 사업을 수년간 진행했는데, 이 운동의 중심에는 「한겨레21」 특집기사의 필자인 구수정 한겨레신문 통신원이 있었다. 그가 베트남의 한국인 유학생 자격으로 베트남 중부의 학살 피해마을을 다니며 수집한 피해자 증언자료들은 공개되자마자 한국사회에 큰 충격을 주었는데, 마침 1999년은 한국전쟁 발발 직후에 미군이 자행했던 노근리 학살이 처음으로 언론의 조명을 받은 해였다. 구수정의 르포기사는 베트남에도 수많은 노근리가 있다는 것을 한국사회에 알려주었다. 물론 참전단체의 반발도 만만치 않았다. 2000년 6월 27일 '대한민국고엽제후유의증전우회' 회원 2,200명이 한겨레신문사 사옥에 난입해 폭력 소동을 벌였다. 도발에 도발로 응수한 것이다.

민간에서 주도한 '미안해요 베트남' 운동과는 별개로 정부 차원에서도 베트남 지원사업을 진행했다. 2001년 8월의 한-베정상회담에서 김대중 대통령이 사과를 표명한 이후 정부는 약 300만 달러의 예산을 배정해 한국군이 주둔했던 중부 5개 성을 중심으로 병원과 초등학교 건설 등을 지원했다. 대한민국 정부는 일본 정부가 한국에 하던 방식 그대로 과거사에 대한 명확한 해명과 반성 없는 이른바 '인도적 원조'를 표방했다. 베트남 중부 꽝남성 하미 마을의 위령비는 한국 측의 접근방식을 전형적으로 보여주는 사례이다. 대표적인 민간인학살지로 꼽히는 하미에 위령비를 세워준 것은 의외로 참전군인단체였다. 양국 친선을 도모하는 전반적인 분위기 속에서 월남참전전우복지회가 선뜻 2만 5,000달러를 기탁해 2001년에 12월에 준공식을 가졌다. 그런데 역시 한국 참전군인들이 기대한 것은 숨진 한국 군인과 주민들을 모두 위로하며 화해를 도모하는 일종의 합동추모비였지 한국군의 잘못을 반성하는 취지의 위령비는 아니었다. 한국 측은 후원자의 권한을 내세워 위령비에 한국군의 학살에 대한 언급을 일절 담지 못하게 했다. 심지어 "살육의 역사를 기억하리라" 등의 내용을 새긴 뒷면의 비문은 커다란 연꽃이 그려진 대리석으로 봉인됐다. 그럼에도 갈등의 불씨는 남았다. 하미 마을 사람들이 비문을 지우지 않고 대리석으로 덮어둔 것은 언젠가 다시 공개하겠다는 의지의 발로였는데, 2017년 5월 이곳을 오랜만에 다시 찾은 참전군인들이 위령비 건립 후원자를 명기했던 팻말이 철거된 것을 발견하고는 저 위령비를 아예 철거해야만 마을 지원을 해줄 거라고 으름장을 놓았다고 한다. 이처럼 돈 몇 푼으로 화해를 강요하는 적반하장 형국은 2015년 '한일 위안부합의'의 반대편 입장으로 재연된 셈이다.

　가해자가 과거를 서둘러 봉합하려고 무리수를 두는 것은 드문 일이 아니다. 가해자는 그저 자신의 불편함을 제거하기 위해 화해하려는 것이며 여전히 피해자 위에 군림하려 든다. 진심 어린 사과가 동반되지 않는 만큼 용서란 기대할 수도 없다. 아니, 가해자 측은 아예 용서를 바라지도 않는다. 만약 이런 어처구니없는 방식으로 화해가 성사된다면, 그것은 화해가 아니라 피해자 측의 굴욕일 뿐이다. 이러한 식의 거짓 화해를 넘어서자는 것이 바로 '미안해요, 베트남' 운동의 기본취지였다. 하미 위령비의 경우와는 달리 「한겨레21」이 시민의 성금을 모아 푸옌성 뚜이호아현 호아히엡쯩Hoa Hiệp Trung사에 건립한 한-베평화공원은 아무런 조건 없이 한국인의 미안한 마음을 전하는 곳이다. 이곳은 청룡, 맹호, 백마부대가 모두 거쳐 간 곳으로, 한겨레신문 측은 전쟁 당시 이 지역에서 22건의 민간인학살이 있었다고 밝혔다. 2003년 1월 21일에 준공식을 가진 한-베평화공원은 좋은 취지에도 불구하고 지금은 양국 모두에서 거의 잊힌 상태이다. 단지 '선의'를 가진 것만으로는 역사의 꼬인 매듭을 풀기가 쉽지 않다.

'미안해요, 베트남' 운동은 근래에 새로운 차원의 운동으로 질적 전환을 이루었다. 구수정이 상임이사로 참여하는 한-베평화재단 건립추진위원회가 2016년 4월 말에 발족되어 이전처럼 평화와 인권을 촉구하는 데 그치지 않고 한국 정부를 상대로 한 대대적인 소송전에 돌입할 태세다. 민주사회를 위한 변호사모임과 베트남평화의료연대 등 30여 개 시민사회단체가 모여 2018년에 50주기를 맞는 퐁니·퐁녓 마을 및 하미 마을의 학살 희생자 유가족을 원고로, 그리고 대한민국을 피고로 '시민평화법정'을 개최하기로 했다. 이는 사실상 오랜 시행착오로부터 얻은 결론이었다. 더 이상 가해자의 선의를 믿고 기다릴 수 없을뿐더러 죄상을 명백히 밝히고 단죄해야만 악의 고리를 끊을 수 있다는 판단이 선 것이다. 시민평화법정이라는 발상은 2000년 일본 도쿄에서 열린 '여성 국제전범법정'에서 착안했다고 한다. 이 법정은 일본군 위안부 피해의 책임을 도의적 차원을 넘어 법정으로 끌어들여 전쟁범죄라는 차원으로 제기함으로써, 비록 법적 효력은 없었지만 이사안의 국제적 공론화에 크게 기여한 것으로 평가받고 있다. 이번 시민평화법정 준비위원회 측은 시민법정에 제출된 증거를 바탕으로 실제 법원에 국가배상소송을 제기할 계획을 갖고 있다고 천명했다. 물론 이번에도 참전군인단체는 물러서지 않을 태세다. 한-베평화재단 건립추진위원회가 발족된 지겨우 두 달 남짓 지난 2016년 7월에 대한민국월남전참전자회가 허위사실 적시에 의한 명예훼손으로 구수정을 고소했다.

양측 모두 한 치도 물러설 기미가 없는 역사의 내전으로 인해 한국사회의 시민적 역량이 다시금 시험대에 올랐다. 20세기 중반 이래 전 지구적으로 전개된 과거사 극복 내지 청산 작업은 한 사회가 지난 과오를 반성하고 기꺼이 책임을 지려 하는 건전한 시민층을 두텁게 양성할 때만이 향후 모든 종류의 억압과 불의를 막을 수 있다는 점을 일깨워준 바 있다. 이러한 목표에 이르기 위해서는 몇몇 필수적인 단계를 밟아야 한다. 가장 먼저 필요한 것이 진상규명이다. 일단 누가 가해자이고 피해자인지를 따져 묻지 않고서 서둘러 화해를 도모하는 것은 그저 책임회피일 뿐이다. 진상규명을 바탕으로 시급히 이루어져야 할 것이 바로 사법적 조치이다. 엄정한 법의 심판이 없이는, 악은 상황논리와 자기연민의 덤불 속에 숨어 있다가 때가 되면 독버섯처럼 번져 사회를 타락시키고 말것이다. 그다음으로 반드시 필요한 것이 피해자 복권과 응분의 배상이다. 그것은 '인도적 원조' 따위의 물량공세와는 질적으로 다르다. 피해자는 시혜의 대상이 아니라 응당한 권리의 주체인 것이다. 이 모든 선결과제를 거친 후에야 비로소 가치를 지니게 되는 것이 과거에 대한 포괄적인 역사적 해석 작업이다. 여기에는 비판적인 역사연구와 역사교육, 박물관이나 기념비 건립, 그 밖에 영화 제작, 문학과 미술 등의 예술 작업이 두루 포함되는바, 이를 통해 비로소 가해자와 피해자 모두가 의식의 변화를 겪게 되고 그간의 모든 이분법과 단죄를 넘어 용서와 화해가 논의될 수 있다. 아마도 이 모든 과정을 체계적이고 효과적으로 밟아나가려면 해당 특별법의 제정이 반드시 필요할 것이다. 물론 그러한 입법 자체가 시민사회의 역량에 달려 있음은 말할 나위도 없다. 이상에서 제시된 바와 같은 과거사 극복의 표준형은 한-베평화재단의 다소 도발적인 기획이 국제적으로 공인된 규범에 전혀 어긋나지 않음을 확인시켜준다.

그렇지만 베트남전 참전용사들의 경우는 이러한 규범론으로 접근하기에는 적절하지 않은 측면이 있다. 엄정한 사법적·도덕적 잣대로 단죄하기에는 그들은 너무나도 고통 받으며 살아온 역사의 희생양이었다. 물론 그들 스스로가 이런 주장을 펼친다면 자기변명의 오류로 비판받아 마땅하지만, 후세대인 우리는 이렇게 판단해야 옳다. 따라서 우리가 심판자가 되어 그들을 가해자로 몰아세우기보다는 그들 스스로가 가해자라고 인정하고 진심으로 사과할 수 있는 사회풍토를 만들어가야 한다. 그날이 요원하더라도 말이다. 우리가 정녕 파월용사들의 민간인학살을 문제 삼고자 한다면 사법적·도덕적 심판에 앞서 좀 더 풍부하고 섬세한 역사적 논의를 전개하고 이를 공론화함으로써 한 세대가 겪었던 고통과 책임에 대해 사회 전반적인 공감대를 형성해갈 필요가 있다. 국가 차원의 공식 사과도 이럴 때만 호응을 얻을 수 있다.

베트남전 참전용사들로 하여금 더 이상 피해의식이나 소외감 없이 지난 과오에 대해 기꺼이 말문을 열 수 있게 하는 작업은 '미안해요, 베트남' 운동을 이끌어온 구수정의 말처럼 "우리의 상처를 스스로 치유하는 과정이며 우리 마음속 깊숙이 숨어 있는 야만의 뿌리를 캐내는 작업"이다. 그렇다면 우리는 과연 어디서부터 출발해야 할까? 처음부터 도덕적 양심의 만년설로 뒤덮인 저 높은 봉우리에서 출발할 것인가, 아니면 온갖 거짓과 모순, 회한의 울퉁불퉁한 자갈밭으로 뒤덮인 평지에서 한 걸음 한 걸음 밟아 올라갈 것인가?

과연 용서받을 수 있을까

·····································

이 세상에는 한 번 망가지고 부서지면 그 어떤 것으로도
도저히 회복할 수 없는 것이 존재한다. 그것을 아는 것으
로부터 우리의 화해는 시작될 수 있을 것이다. 치유불능
의 상처를 오래 바라보는 것, 그리고 상처로 하여금 말하
게 하는 것, 섣부른 화해나 어설픈 악수를 청하지 말고 상
처로 하여금 말하게 하라(김현아 2002, 261쪽).

'미안해요, 베트남' 운동의 최전선에 있었던 시민단체 '나
와 우리'의 활동가 김현아가 2002년 저서『전쟁의 기억, 기억
의 전쟁』에서 한 말이다. 우리가 선의를 가지고 기꺼이 사과
하더라도 피해자 측이 이를 흔쾌히 받아들여준다는 보장은
없다. 사실 그들은 반드시 그래야 할 의무도 없다. 그들이 받
아주지 않아도 불평하지 않는 것이 참된 사과이다. 가해자 측
이 기대하는 용서가 얼마나 가당치 않은 것인지에 대해 프랑
스 철학자 블라디미르 장켈레비치는 1971년 저작인『공소시
효 부적용』에서 신랄하게 꾸짖은 바 있다. 본래 러시아 유대
인 이민자의 아들인 그는 독일인들의 유대인대학살이 인류라
는 종 자체에 대해 자행한 "형이상학적 만행"으로서, 일반 범

죄와는 아예 비교가 불가능하다고 주장한다. 독일인들은 이 "존재론적인 죄악"에 대해 결코 속죄할 수 없다고 그는 단언한다. 시간이 약이라고? 자동적으로 흐르는 시간이 미증유의 대학살을 없던 일로 만들 수는 없다. 반인류적 범죄에는 공소시효가 없다. 장켈레비치의 지나치리만큼 엄중한 태도는 어떠한 용서도 허용하지 않는다. 그에게 용서란 결코 잊어서는 안 되는 과거를 망각하는 후안무치한 행위다. 고인 대신 용서할 자격은 아무에게도 없다. "용서는 죽음의 수용소에서 죽어버렸다." 그는 일체의 지성적 논의를 거부한다. 복잡한 얘기를 늘어놓아보았자 고작 변명의 기회만 줄 뿐이기 때문이다. "아우슈비츠는 말로 표현될 수 없다." 장켈레비치의 주장은 확실히 일방적인 면이 있다. 그는 독일인들이 과거를 망각하려 한다고 비난하지만 이미 1969년에 서독 연방의회는 나치 시기에 자행된 집단학살범죄의 공소시효를 폐지하기로 결정한 바 있다. 물론 장켈레비치는 공소시효 기간 내에도 이미 집단적 망각이 진행되고 있다고 불평한다.

다소 지나친 도덕적 엄격주의에도 불구하고 장켈레비치의 주장은 과거사를 집단적 죄업이라는 차원에서 접근했다는 점에서 곱씹어볼 가치가 있다. 유대인대학살처럼 대한민국 파병군의 민간인학살도 개개인의 범죄로 환원될 수 없는 집단적 죄업이다. 거대한 "형이상학적 만행" 앞에서 장켈레비치는 개개인의 잘잘못과 시시비비를 가리는 것에 대해 "농담할 생각이 전혀 없다"고 말한다. 과연 그것은 농담일까? 그의 말대로 개개인의 죄를 논하는 것이 부차적이라면 그것은 결국 개인에게 면죄부를 주는 것이 아닌가? 그런데 산더미같이 쌓인 집단적 죄업 앞에서 과연 개인의 책임을 어디까지 물어야 하나? 개개인의 죄상을 좀 더 세심하게 들여다보면 분명 크고 작은 차이들이 존재할 것이다. 혹여 이 차이들에서 그나마 속죄하고 용서받을 여지를 찾을 수 있지 않을까?

개인의 죄에 심급이 있다는 생각은 제2차 세계대전 직후의 참담한 상황 속에서 독일 철학자 카를 야스퍼스Karl Jaspers에게 떠오른 착상이었다. 1946년 저작『죄의 문제Die Schuld-frage』에서 야스퍼스는 네 가지 죄의 개념, 즉 형법적·정치적·도덕적·형이상학적 죄를 구분하면서 이 중 어느 것도 가벼이 볼 수 없다고 주장했다. 형법적 죄는 객관적으로 입증할 수 있는 실정법 위반을 말하며 그것을 판단하는 심급은 법정이다. 정치적 죄는 정치인의 행위를 통해 빚어진 결과에 대해 묻는 죄로서 정치인과 더불어 그 행위에 참여했던 주권자들 모두가 공동으로 책임져야 한다. 이 죄의 심판자는 다름 아닌 정치적 승자이다. 도덕적 죄는 설령 법적·정치적 책임은 지지 않더라도 개인이 하나의 인격체로서 부담해야 하는 몫이다. 단지 명령에 따른 행위였더라도 양심의 심판을 면할 수는 없다. 마지막이자 가장 중요한 죄가 바로 형이상학적 죄이다. 이것의 심판자는 신이다. 여타의 모든 책임에서 면제되더라도 이 세상에 함께 사는 사람으로서 세상에 만연한 악덕에 대해 우리는 결코 떳떳할 수 없다. 신 앞에서 우리는 부끄러움을 느낀다. 결국 야스퍼스는 거대한 죄악에 대해 오직 개별자가 각각의 심급에 따른 응분의 책임을 져야 한다고 주장한다. 그는 장켈레비치와는 달리 민족 전체에 죄를 부과하는 것에 반대한다.

과연 누구의 말이 옳은 것일까? 야스퍼스의 제안처럼 심급이 저마다 다른 죄와 책임을 세심하게 따져 묻는 것은 분명히 필요하다. 모두의 죄는 사실상 아무의 죄도 아니다. 그렇지만 개개인의 속죄로 민족적 죄업이 다 씻길 리 만무하다. 아무리 개개인이 잘못을 뉘우치고 책임을 지려 한들 피해자 입장에서는 불신감을 떨치기 힘들 것이다. 설령 개개인에 대해서는 미운 감정이 사라졌더라도 민족적 차원에서는 '너희도 우리만큼 힘들어봐야지'라는 생각을 떨치기 힘들다. 한국인의 대일對日 감정이 그렇지 않은가. 용서는 정말로 피해자의 마음이 움직여야 가능하다. 피해자 측에서 가해자가 짊어진 죄업의 짐을 덜어주는 것이 바로 용서이다. 일정한 과정을 거친 후에 피해자가 흔쾌히 선사하는 용서는 피해자 자신과 가해자 측 모두에게 부담스러운 과거를 떨치는 획기적인 계기가 될 수 있다. 그렇지만 세상만사가 그리 간단치는 않다. 용서함forgiving은 잊어버림forgetting의 위험성을 늘 안고 있다. 잊지 않으면서도 동시에 용서한다는 것은 실로 모순적이다. 그나마 가해자 개개인에 대해서는 기억과 인간적 용서가 동시에 가능할 수 있지만, 정치적 차원에서 집단적 규모로 이루어지는 사면amnesty은 무책임한 망각amnesia을 부를 뿐이다. 따라서 민족적 죄업은 영원히 남는다. 아니, 남아야 한다. 그 누구도, 신의 아들이 아니고서는 민족의 죄를 '대속'할 수 없으며 잘해야 자기 죄를 용서받을 수 있을 뿐이다.

민족 간의 화해와 상생이라는 '농담'은 희생자들을 대수롭지 않게 여기며 빨리 잊어버리려는 후안무치한 태도이다. 장켈레비치가 역설했듯이, 살아 있는 자는 죽은 자들을 대신해서 용서할 자격이 없다. 심지어 가해자 개개인에게 베풀어진 용서도 살아 있는 피해자의 자기위안일 뿐이다. 그럼 과연 어떻게 해야 용서를 받을 수 있다는 말인가? 사과해도 받아줄 사람이 없다면 대체 누가 가해자를 그 무거운 죄업으로부터 벗어나게 해줄 것인가? 오직 신의 은총으로만 구원받을 수 있는가?

러시아 대문호 도스토옙스키Fyodor Mikhailovich Dostoevskii는 그렇다고 말한다. 불후의 명작 『죄와 벌*Prestuplenie i nakazanie*』에서 주인공 라스콜리니코프는 고리대금업자 노파와 노파의 헌신적인 이복동생을 살해하고는 극심한 내면의 갈등을 겪는다. 그것은 죄책감과 피해망상을 넘어 자아분열로 이어진다. 그는 한편으로는 자신의 행위를 구태의연한 도덕적 원칙을 과감히 깨뜨린 영웅적 결단으로 미화하면서도, 다른 한편으로는 모든 것이 다 거짓말이고 그저 자신의 이득을 위해 살인을 저질렀다고 한탄한다. 그가 방황하는 와중에 만난 매춘부 소냐는 험한 삶을 살면서도 순수한 영혼을 지닌 인물로, 그가 자신의 죄를 마침내 고백했을 때 성경을 펴고 '라자로의 부활' 이야기를 읽어주며 경찰서에 가서 자수하라고 권한다. 소냐는 신을 부정하는 라스콜리니코프를 영적으로 부활시키려고 애쓴다. "오 하느님! 이 사람은 아무것도, 정말 아무것도 모르고 있어요!" 결국 라스콜리니코프는 경찰서에 찾아가 범행을 자백한 후 시베리아의 감옥에서 수감생활을 하게 된다. 『죄와 벌』이 주목하는 죄는 야스퍼스가 말하는 '형이상학적 죄'이고 벌을 내리는 궁극적 심판자는 신이다. 이처럼 종교가 선사하는 속죄와 구원의 복음은 결코 극복되기 힘들어 보이는 사과와 용서의 괴리를 단번에 해결한다. 신 앞에 무릎 꿇고 사죄한다면 확실히 용서받을 수 있다는 것이다.

그렇지만 사실 이것은 문제를 해결한 것이 아니라 덮은 것에 불과하다. 라스콜리니코프는 정작 그가 죽인 노파와 그 이복동생에게는 용서를 구할 수 없다. 더구나 이런 종류의 살

쯔어 프억흥에서 틱 동꾸아 주지스님과 만난 박숙경 씨(남원철 제공)

인사건이 아니라 정치적 성격을 띠는 집단학살의 경우에는 과연 누구에게 사과하고 누구에게 용서를 받아야 하는지가 늘 불분명하다. 따라서 이 문제는 부단히 천착하되 미해결로 남겨두어야 옳다. 불가능함이 오히려 그것을 갈망하게 만드는 법이다.

꾸이년시 동쪽 외딴 바닷가 마을의 사찰인 쯔어 프억흥 Chua Phước Hưng, 福興寺에는 이 지역에서 있었던 '쯔엉탄Trương Thanh 학살' 희생자 58명의 위패가 모셔져 있다. 이곳의 틱 동꾸아 주지스님은 자신의 친척을 포함한 원혼들의 극락왕생을 빌며 매일 밤 독경을 하고 있다. 아무리 사회적이고 정치적인 보상책을 강구하더라도 죽은 이들을 되살릴 길은 없다. 결국 우리가 고인들에게 할 수 있는 일이라고는 애절한 마음으로 기억하는 것뿐이다.

악연을 인연으로

2003년에 발족된 부산의 인권단체 아시아평화인권연대가 박숙경 씨 가족의 제안을 받아들여 베트남에 처음 발을 들인 것은 2007년 7월이었다. 창립 이래 아프가니스탄 난민촌 지원과 캄보디아 어린이 및 교사 지원 등 규모는 크지 않지만 내실 있는 해외지원사업 경험을 쌓은 아시아평화인권연대는 아버지가 전사한 베트남에 의미 있는 일을 하고 싶다는 숙경 씨 가족들의 의견을 받아들였고, 처음에는 막연했던 생각을 구체화하는 과정에서 고인의 이름을 딴 '고 박순유 한-베 평화장학기금'을 가족들의 출연으로 조성했다. 그리고 여태껏 한 번도 가본 적 없는 '역사 화해'의 길을 모색해보기로 했다. 그것은 사실상 아무런 이정표도 없는 막막한 길이었다.

조상의 죄를 새로운 세대가 '대속'하려 했던 '미안해요, 베트남' 운동이 소수 '양심세력'의 도덕적 자성으로 그치기 쉬웠다면, 과연 아시아평화인권연대는 어떤 다른 길을 택해야 할까? 피해자의 아픔에만 공감하는 도덕적 엄격주의로부터 제자리로 돌아와 다시 가해자의 아픔에서 출발한다면, 그래서 가해자 자신이 피해자에 공감하도록 만들 수만 있다면, 그런 과정에서 피해자 측에서도 가해자의 처지를 조금이라도 이해하게 된다면, 이러한 역사적 공감대를 매개로 가해와 피해의 악연을 새로운 인연의 계기로 전환시킬 수 있지 않을까? 혹여 이러한 접근이 가해자의 오기와 피해자의 원한을 너무 쉽게 보는 것은 아닐까? '화해'를 운운하는 것이 자칫 망자에 대한 모독은 아닐까? 참으로 막막한 길이었다. 장학사업 방문단은 2007년 7월 20일부터 8박9일 일정으로 한국군이 주둔했던 베트남 중부의 대표적인 민간인학살 장소들을 답사하고 장학사업 예정지들을 둘러보기로 했다.

일행은 중간 기착지인 남단의 호찌민시를 거쳐 중부의 꽝남성, 꽝응아이성, 빈딘성, 푸옌성을 내달리며 하미와 퐁니, 유이탄, 고자이, 뇨럼, 떤장 마을의 위령비와 선미 박물관, 고엽제 피해마을, 그리고 한국국제협력단(KOICA)이 지어준 어린이병원과 초등학교를 줄줄이 방문했으며 떠어빈사와 프억호아사의 인민위원회와 만나 지원사업의 취지에 대해 설명하고 현지사정에 대해 듣는 기회를 가졌다. 사회주의 국가인 베트남은 여행의 제한이 많은 곳이라 도중에 일정상에 차질이 빚어지기도 했지만 현지를 두루 살피고 온 덕분에 사업이 한 걸음 앞으로 나아갈 수 있었다. 베트남 방문 전에 이미 현지의 몇몇 학교에서 지원 요청이 들어왔지만 실제로 답사해본 결과 지원 요청이 없었던 빈딘성 뚜이프억현의 프억호아사가 오히려 여러 가지 면에서 장학사업 대상지로 적당하다는 데 의견이 모아졌다. 빈딘성에서도 낙후된 농촌지역인데다 그곳의 떤장 마을은 1965년 1월 22일 맹호부대에 의해 주민 40여 명이 희생되는 아픔을 겪었는데, 마침 현지를 방문했을 때 8월에 준공을 앞둔 위령비의 건설이 한참이었다. 장학사업의 취지와 아주 잘 맞았다. 그래서 세부사업계획을 수립하기 위해 먼저 프억호아사에 대한 현황조사를 현지 코디네이터인 NGO 활동가 응이 씨에게 의뢰했다.

'베트남 청소년들에게 꿈날개를' 달아주려는 야심찬 사업이 이듬해 본격적으로 시작되었다. 2008년 2월에 드디어 프억호아사 인민위원회와 지원사업 협약을 체결했다. 프억호아 중학교와 호아탕 중학교 두 곳을 소개받아 가난 때문에 학업을 중단할 위기에 놓였거나 생활고를 겪는 청소년 40명을 선발해 장학금을 지급했다. 프억호아 중학교 15명, 호아탕 중학교 25명이었다. 호아탕 중학교에 도서관 건립비용과 컴퓨터 및 도서구입 지원금도 전달했다. 동년 12월에는 고등학교에 진학한 5명을 장학생으로 추가 선발하여 지원했다. 이후

베트남 어린이들과 함께(정귀순 제공)

2013년까지 프억호아사의 두 중학교에 장학금과 도서구입
비, 각종 교육기자재 및 도서관 설비 등을 정기적으로 후원했
다. 2009년에는 원거리 통학생을 위한 자전거 10대도 제공했
으며 지원사업의 실상을 두 눈으로 확인해보고자 몇몇 장학
생의 가정을 방문했다. 빈촌다운 진흙탕 길을 거쳐 힘들게 찾
아간 만큼 보람이 컸다. 그들이 진심으로 환대하고 있음을 느
꼈다. 어차피 작은 기금으로 하는 일이다보니 지원 규모가 너
무 작았지만, 이렇게 사람과 사람이 만나 새로운 인연을 만들

장학생 가정방문 가는 길(정귀순 제공)

어갈 수 있다는 것이 감동적이었다. 그해에 고 박순유 중령의
사망지를 우여곡절 끝에 찾아냈고, 이듬해인 2010년 유족들
이 추모제를 위해 방문한 차에 프억호아사에 들러 교육용 컴
퓨터 20대를 추가 지원하고 장학금 및 도서관 도서구입비를
지원했다. 2010년 어느 가을날 프억호아사 인민위원회로부
터 다음과 같은 편지가 도착했다.

프억호아사를 대신해서 고 박순유 님의 가족과 아시아평화인권연대에 감사드립니다. 고 박순유 님의 가족과 프억호아사 인민위원회가 서로를 믿고 함께 일을 하고 있습니다. 지난 몇 년간 함께 일을 하면서 고 박순유 한-베평화장학기금 관계자분들과 더 친밀함을 느끼게 되었습니다. 지속적으로 우리 지역을 도와주셔서 정말 감사합니다. 학생들의 장학금과 교육기자재를 지원해주셔서 학생들의 공부에 큰 도움이 되었습니다….

9월에 고등학교에 진학하는 학생들 가운데 장학생으로 선발된 학생들과 중학교에서 새로 장학생으로 선발된 학생들의 명단을 보냅니다. 다시 뵐 때까지 건강하시길 바랍니다.

2010년 프억호아사 인민위원회 부주석 응우옌반념

응우옌반념 부주석의 요청에 따라 2011년에 고교 장학생의 규모를 확대했다. 아시아평화인권연대가 이를 위한 후원자 모집에 나섰다. 이 사업의 기본 취지에 맞게 주로 역사학자와 교사, 관련 업종의 종사자를 대상으로 후원자를 모집해 기대 이상의 호응을 얻었다. 베트남에서 고등학생 등록금은 한 학기에 100만 동(한화 약 5만 원) 정도인데, 한국인에게는 그리 크지 않은 비용이지만 현지에서는 사정이 달랐다. 전체

50명의 장학생을 지원할 계획으로 매달 1만 원씩 50명의 후원자를 모집했고 목표는 초과달성되었다. 그래서 동년 가을부터 사업이 이원화되었다. 고 박순유 한-베평화장학기금은 중학생을 대상으로 하는 기존의 장학사업을 그대로 진행하고 아시아평화인권연대에서 관리하는 후원금은 고등학생 지원사업에 투입하게 되었다. 중학생 지원이 기초교육을, 고등학생 지원이 인재양성을 목표로 한다면, 기초교육은 가족기금으로 인재교육은 시민기금으로 실행하는 것이 누가 보더라도 이치에 맞았다. 2011년도에는 일단 뚜이프억 제2고등학교에서 장학생 25명을 선발하여 지원했다. 그리고 현지 방문시에 학생들의 보건위생을 위해 마련한 정수기를 전달했고 이듬해에는 교복도 지원했다.

2008년부터 비교적 성공적으로 이어지던 '베트남 청소년들에게 꿈날개를' 사업은 2012년에 이르러 굴곡을 겪게 된다. 지역 인민위원회가 반기던 해외 NGO의 지원사업을 지방정부 단위에서 차단하고 나선 것이다. 무분별한 국제교류를 통제하라는 중앙정부의 입김이 작용한 것이 분명했다. 오랜 기다림과 우여곡절을 거쳐 마침내 2013년도 하반기에 베트남 정부가 요구하는 해외 NGO 등록 절차를 마무리 짓고 지원사업을 해도 된다는 공식허가를 얻어냈다. 단, 정부의 공식허가 없이 이루어졌던 프억호아사 지원사업은 포기해야 했다.

지원을 하는 입장인데도 눈치를 봐야 하는 상황이 좀 낯설긴 했지만, 베트남 정부의 당당함이 우리에게는 꽤 교훈적이었다. 고작 몇 푼 지원해준다고 우리 앞에서 베트남인들이 절절매기를 바랐다면 그건 아예 이런 사업을 안 하느니만 못한 것이다. 우리는 지원해주는 이상으로 많이 배웠다.

베트남 당국의 개입으로 인해 2013년부터는 2007년에 방문한 적이 있던 빈딘성 떠이선현 떠어빈사에서 새로운 장학사업 및 교육환경 개선사업을 시작하게 되었다. 그 지역은 한국군 최대의 민간인학살 장소로 알려져 있기에 이미 '나와 우리' 등 한국 단체들의 방문이 비교적 잦은 곳이었다. 이곳의 민간인학살지 중 불과 한 시간 만에 380명이 목숨을 잃었다고 하는 고자이 마을에서는 해마다 '빈안 학살' 위령제가 개최된다. 떠어빈사는 프억호아사보다는 상대적으로 덜 낙후된 곳이지만 역사적 의미에 있어서나 날로 통제가 심해지는 당국과의 마찰을 피하기 위해서나 적당한 지원대상 지역으로 판단되었다. 2014년 2월 26일 박숙경 씨와 아시아평화인권연대 활동가들은 빈안 학살 제48주기 위령제에 참석했다.

떠어빈사에서는 기존 방식의 장학금 지원뿐만 아니라 교육환경 개선사업에도 힘써보기로 했다. 2015년 2월 말 빈안 학살 위령제 일정에 맞춘 방문 당시 떠어빈사 인민위원회와 '장학사업 및 교육환경 개선사업' 협약을 체결했다. 이에 따

떠어빈사 인민위원회와의 협약식(이광수 제공)

라 전교생이 400명인 떠어빈 중학교에서 선발한 장학생 25명
에게 장학금을 전달했는데, 한국군에 의한 피해가정 학생이
4명, 가정형편이 어려운 학생 9명, 그리고 성적우수 학생이
12명이었다. 이와 더불어 컴퓨터 및 컴퓨터책상 16세트도 제
공했다. 장학금을 받지 못하는 나머지 전교생에게는 학용품
을 전달했고 9월의 재방문 때는 고등학교에 진학하는 장학생
8명에게 입학격려금도 전달했다.

　2015년 2월의 방문단은 떠어빈사 인민위원회 측에도 사
전에 요청받은 바 있는 농업정보교육용 컴퓨터 및 컴퓨터책
상 6세트를 지원했다. 그런데 정작 인민위원회 측의 관심사

떠어빈 중학교 장학금 전달식(이광수 제공)

는 다른 데 있었다. 그들은 이미 전해부터 깨끗한 식수공급을
위한 정수시설 설치를 후원해줄 것을 요청했었다. 기존의 지
원 규모로는 어림도 없는 큰 공사였지만 우기에는 상습 침수
로, 건기에는 물 부족으로 늘 시달리는 마을에서 가장 절실해
하는 사안이라 모른 체하기 힘들었다. 만약 지속적 관리가 가
능한 정수시설을 지어 시스템이 제대로 가동된다면 적어도
유치원, 초등학교, 중학교 보건소, 인민위원회 등 5곳에 정수
된 물을 공급할 수 있었다. 그래서 베트남 지원사업에 공감대
를 지닌 국내 유수 단체의 힘을 빌리기로 했다. 아시아평화
인권연대는 본래 사단법인 '이주민과 함께'의 부설기관이다.

부산의 대표적 노동인권단체 중 하나로 꼽히는 '이주민과 함께'는 국내외 여러 단체와 자주 협력해왔는데, 이번에는 한국정신대문제대책협의회, 일명 '정대협'이 동참했다. 정대협은 2013년부터 '나비기금'을 통해 베트남전 당시 한국군 주둔 지역이었던 곳에서 일어난 민간인학살, 성폭력 등에 대해 사죄의 마음을 전하고 한국사회에 반성과 책임을 촉구하는 일을 도모해왔는데, 이 정수시스템 설치를 후원하기 위한 모금 캠페인을 전개하여 성금 11,852,089원을 '이주민과 함께'에 전달해주었다. 이러한 협력과 도움이 없었다면 아무리 절실한 사안이라도 베트남 측이 기대하는 응답을 주기 힘들었을 것이다. 2015년 2월의 떠어빈사 인민위원회 방문시에는 간담회를 통해 좀 더 실무적인 논의를 진행할 수 있었다. 정수시설은 정대협의 성금과 박순유 한-베평화장학기금 및 아시아평화인권연대의 출연금이 합해져서 총사업비 34,578달러로 그해 12월에 착공하여 2016년 5월에 준공되었다.

떠어빈사에서의 지원사업은 기존의 사업과는 달리 여러 단체들과 사회적 연대를 바탕으로 이루어졌기에 더욱 큰 의미가 있었다. 장학사업만 해도 부산지하철노동조합의 참여가 큰 힘을 발휘했다. 이 대규모 조합은 2006년 2월부터 부산교통공사 직원 급여 1,000원 미만 금액을 모금하여 백혈병·소아암어린이 수술비 등을 지원하는 '급여우수리 사업'을 추

떠어빈사의 인민위원회 청사 옆에 준공된 정수시설(남원철 제공)

진해왔는데, 2013년 말부터 그중 일부 금액을 조합과 가치를 공유하는 단체에 지원해 조합 본연의 목표인 사회적 연대와 공공성 진작에 기여하기로 결의해둔 상태였다. 부산지하철 노동조합은 사단법인 '이주민과 함께'와 협약을 체결해 조합원들의 급여 일부를 장학기금으로 조성해 베트남 청소년들의 장학금 및 교육환경 개선을 위한 사업에 지원하기로 했다. 주한 베트남공동체의 참여도 이에 못지않은 큰 의미가 있었다. 이 공동체 회원인 베트남 출신 이주여성 김나현 씨는 베트남 지원사업을 늘 측면 지원했고 베트남 방문시마다 통역과 번역을 담당해주었는데, 한국에 거주하는 이주민들을 상대로 한 달간 모금운동을 전개하여 230만 원을 모아 떠어빈 중학교에 컴퓨터를 지원하는 역할을 맡아주었다. 이처럼 수평적으로 확대되어가는 사회적 협력은 한국사회와 베트남사회의 만남을 지향하는 '베트남 청소년들에게 꿈날개를' 사업의 취지에 부응했다. 떠어빈사에 대한 지원이 시작되고 얼마 후에 한 장학생이 편지를 보내왔다.

저는 호아탕 중학교 8학년 8A2반 학생 응우옌티타에리라고 합니다. 장학금을 받던 학생 중에 특히 귀염 받은 여학생인데, 기억나세요? 그동안 다들 잘 지내셨습니까? 저는 항상 여러분의 건강과 행복을 기원하고 있습니다. 새해에는 여러분들이 하시는 모든 일들이 잘되시길 빕니다.

저와 가족들은 잘 지내고 있습니다. 제 공부도 잘되고 있고 시험을 앞두고 더 열심히 공부하고 있습니다. 한국에서 멀리 오시고 저희 집에 직접 방문해주셔서 너무 기쁘고 행복했습니다. 그리고 장학금을 주신 것도 너무 감동받았습니다. 그 장학금으로 저와 제 동생의 학비를 납부할 수 있었고 부모님의 부담도 덜 수 있었습니다….

여러분의 도움이 바로 저희의 미래라고 생각합니다. 저는 개인적으로 학업의 성취 외에 박순유 선생님의 가족들이 계시는 한국 땅에 한번 방문할 수 있으면 좋겠다는 또 다른 꿈을 가지고 있습니다. 여러분의 적극적인 도움과 기대에 보답하기 위하여 저희는 열심히 공부하고, 앞으로 유익한 사람이 되어 고향과 국가의 번영에 이바지하도록 노력하겠습니다.

다시 한 번 감사드리며 또다시 만나 뵙기를 기대합니다. 제 편지를 받으시고 답장해주실 수 있으면 감사하겠습니다.

응우옌티타에리 올림

베트남의 자라나는 세대에 꿈날개를 달아주며 좋은 인연을 맺는 것은 말할 나위 없이 기쁜 일이다. 악연이 좋은 인연으로 탈바꿈된다는 것은 실로 놀라운 체험이다. 그렇지만 피해자 측이 '환대'하고 '선의'를 보여줄수록 용서를 구하는 측의 입장은 오히려 더 궁색해진다.

2014년부터 매해 2월 위령제 일정에 맞추어 떠어빈사를 방문하고 있는 아시아평화인권연대는 2016년 2월 26일 개최된 빈안 학살 제50주기 위령제에도 참석하여 참배했다. 이날 행사에는 한국에서 온 평화기행단이 기자들과 더불어 대거 참석했고 위령제의 한 순서로 기행단장이 베트남인들에게 사죄하는 큰절을 올렸다. 마땅히 필요한 일이었고 현지의 반응도 좋았다. 그날은 지방정부 차원의 요란한 공식행사와 시끌벅적한 분위기 때문에 오히려 마음이 그리 무겁지 않았지만,

주변이 고요해지면 그곳의 위령비 비문과 학살 장면을 묘사한 기념물들이 이쪽을 향해 쏘아보는 듯 눈에 들어왔다.

그 한 해 전의 49주기 위령제는 50주기보다 훨씬 가라앉은 분위기였다. 숙경 씨는 여느 해와 다를 바 없이 오후에 떠어빈사 인민위원회와 떠어빈 중학교에 들러 교육용 컴퓨터 시설을 확인하고 나서 정해진 일정에 따라 빈안 학살 위령제에 참석했다. 그런데 행사 장소에 들어서면서부터 숙경 씨의 안색이 갑자기 어두워졌다. 방금 전까지 여고시절 봄소풍이라도 온 듯이 왁자지껄하던 모습은 어느새 사라지고, 납덩이처럼 무거운 침묵과 탄식의 시간이 찾아왔다. 때로는 우렁차고 때로는 구슬픈 현지인들의 노랫가락도 그저 귓전을 스치고 지나갔으며, 주변 사람들의 염려 섞인 시선 또한 불편할 뿐이었다. 숙경 씨는 구석으로 물러서서 홀로 아무 말 없이 서 있었다. 대체 사람들의 노랫소리와 저 화환들, 타오르는 향로란 다 무엇이란 말인가? 내빈들의 열정적인 연설, 단상을 올라 향을 피우는 마을 사람들, 카메라의 찰칵 소리들은 과연 원혼들의 선잠을 깨워 기억하고도 싶지 않을 이 원한의 장소로 불러들일 수 있을까? 과연 이곳에서 그들의 상처가 아물고 그들의 분노가 삭혀지며 그들의 원혼이 더 이상 구천을 떠돌지 않고 안식할 수 있게 될 것인가? 이곳에 잠깐 들른 우리가 그나마 산 사람들과 화해하고, 그들에게 아주 작은 도

빈안 학살 50주기 위령제에서 참배하는 한국 평화기행단과 아시아평화인권연대(이광수 제공)

움이라도 베풀고, 사라진 원혼들을 성심껏 기억하는 일로 오랜 마음의 짐을 벗을 수 있을까? 숙경 씨는 침묵을 이어갔다.

극심한 악연을 아름다운 인연으로 전환시킨다는 것, 상처를 부활의 계기로 삼는다는 것, 과거를 미래의 도약을 위한 발판으로 삼는다는 것, 이는 분명 우리가 택할 수 있는 최선의 길이다. 하지만 그런다고 무엇이 바뀌랴. 고인들의 짓밟힌 과거가 어찌 바뀌랴. 유족의 회한과 탄식이 어찌 그칠 수 있으랴. 스스로를 속이지 않는 한 우리는 결국 과거와 현재에서 아무것도 근본적으로 바뀌지 않는다는 사실을 부인할 수 없다. 어쩌면 이처럼 우리가 도저히 바꿀 수 없는 것을 계속해서 잊지 않는 것, 그것이야말로 최소한의 인간적 도리가 아닐까? 위령제가 끝나고 그 장소를 떠나고 나서야 숙경 씨는 쾌활함을 되찾았다. 저녁햇살이 감도는 꾸이년의 드넓은 백사장에서 그는 납덩이같은 무거운 짐을 내려놓았다.

맺는 글 — 망자에 대한 의무

살아 있는 영혼은 반동적이다.

|

표도르 미하일로비치 도스토옙스키, 『죄와 벌』(1866)

흔히 역사는 승자의 기록이라고들 말한다. 목숨을 건 쟁투에서 일단 승리하고 나면 권력의 힘으로 그간의 모든 악행이 미화되거나 은폐되는 법이다. 그러나 이와는 정반대로 패배자가 오히려 사후적으로는 역사의 평가를 지배하게 된다는 견해도 있다. 승자가 일시적인 승리에 도취되어 자랑을 늘어놓는 데 그치는 반면, 패자는 도대체 왜 자신이 패배했는지를 해명하고자 좀 더 장기적인 과정에 주목하기 때문이다. 고대 그리스 역사가 투키디데스Thukydides는 페르시아전쟁의 빛나는 승리를 이끌었던 조국 아테네가 왜 그토록 쉽게 몰락했는지를 고뇌하며 『펠로폰네소스 전쟁사historiae』를 썼고, 피렌체의 마키아벨리Niccolò Machiavelli도 젊은 시절 메디치 가문의 반대편에 섰다가 축출되어 오랜 낭인 시절을 보낸 끝에 『로마사 논고Discorsi sopra la prima deca di Tito Livio』를 썼으며, 한나라의 사마천司馬遷도 역적으로 몰려 궁형의 치욕을 당한 후에 억울함을 풀기 위해 『사기史記』를 집필했다. 아픈 과거는 절망을 낳지만 그 아픔을 어떻게 받아들이는가에 따라서 오히려 더 큰 성찰의 계기가 될 수도 있다.

베트남전은 그 승패를 떠나 전쟁으로 이르는 역사적 과정과 전쟁의 진행과정 그리고 전후의 처리과정 모두에서 관련된 거의 모든 사람들에게 씻을 수 없는 상처를 남겼다. 이 상처를 자유니 세계평화니 하면서 호도하거나, 더 나은 미래를 들먹이며 거짓 화해와 망각을 획책하는 행위는 심각한 죄악이다. 그것은 무엇보다 망자들에 대한 모독이다. 상처는 치유되어야 한다. 산 자들뿐만 아니라 죽은 자들의 상처도 치유되어야 한다. 상처가 무의미한 고통만을 낳게 해서는 안 된다. 어쩌면 베트남전이 남긴 상처를 치유하는 일은 뒤엉킬 대로 엉킨 우리사회의 역사적 매듭을 풀어내는 기회가 될 수도 있다.

베트남전에서 대한민국 파병군이 보여준 엄청난 폭력성은 그저 우발적인 것으로 볼 수 없는 측면이 많다. 전략적인 학살이었기 때문만이 아니라 그와 유사한 수많은 학살이 20세기 동아시아 전역에서 두루 발생했기 때문이다. 타이완과 조선에서 무단통치에 항거하는 민중을 무참하게 학살한 메이지 일본군, 간도 지역에 이주한 조선인들을 약탈하고 번연히 살육을 자행했던 중국인들, 중일전쟁중에 수많은 중국 민간인을 학살한 제국 일본의 군인들, 만보산 사건 후 평양에서 중국인을 대량학살한 일제강점기의 조선인 군중, 국공내전에서 패배하고 타이완으로 건너가 현지인들에게 본때를 보여주고자 대량학살을 자행한 장제스蔣介石의 국민당 세력, 그리고 독립국가 건립 이후의 인도네시아와 필리핀 등지에서 발생한 수많은 학살은 폭력의 역사적 의미를 묻게 만든다. 폭력은 도덕적 반성을 요구하지만 도덕만으로는 판단하기 힘든 역사적 측면에 대해서도 생각하게 한다.

20세기의 한반도는 동아시아 여느 지역에 못지않게 폭력에 물들어 있었다. 한국인에 의해 자행된 집단적 폭력은 다른 곳들과 공통된 점도, 물론 아주 색다른 요소들도 있다. 일제강점기와 한국전쟁, 그리고 베트남전쟁과 유신 및 군사독재 체제를 거치면서 여느 곳에서 보기 힘들 정도의 파급력과 지속성을 가지고 폭력이 사회 깊숙이 뿌리를 내렸지만 그럼에도 일반 국민이나 병사들 개개인이 자비심이라고는 눈곱만큼도 없는 독종들이 되었을 리는 만무하다. 경우마다 다르기는 하겠지만 대다수의 파월용사들은 영웅도 악마도 아니었을 것이다. 그들은 국가에 의해 등 떠밀려 전장에 동원되고는 부지불식간에 국가의 이름으로 폭력을 행사하는 악역을 배정받았을 것이다. 박영한의 『머나먼 쏭바강』에는 전장의 병사들 사이에 주고받는 대화가 나온다.

"나는 우째서 월남전쟁이 생겼는지 그거를 모르겠단 말입니다. 황 뱅장한테 듣기는 했지마는. 셈본보다 에렵다꼬."

"알구 보면 1 더하기 1보담 쉽지. 하튼 반공국가로서의 미국의 프라이드가 이 전쟁에 걸려 있단 것만 알아두면 돼. 도미노이론이라고 있어."

"어려븐 얘기네요, 니미. 하기사 우리 모가치만 받으몬 별 볼일 없겠지만."

"그게 아냐, 싸람아. 이걸 통해 우린 애국을 하고 있단 걸 잊지 말아야 돼."

"저도 애국잡니까?"

"물론"

(박영한 2004, 140쪽)

박영한 작가 특유의 익살을 통해 우리는 순박한 병사들이 부지불식간에 국가의 논리에 사로잡혀가는 과정을 생생하게 들여다보게 된다. 국가는 폭력을 사주하고 정당화했다. 그것은 국가의 본성이기도 하지만 이에 대해 경각심이 부족한 것은 한국사회의 특징에 속한다. 우리는 너무나 오래도록 국가의 신화에서 벗어나지 못하고 있다. 늘 복종을 강요하면서도 책임은 지지 않고 비탄의 현장을 용케 빠져나갔던 우리의 대한민국! 우리의 상처를 보듬어주기보다는 오히려 상처를 입히고 내팽개쳤던 자랑스러운 나라! 이런 나라에 대해 애국심을 갖는 것은 오히려 비겁한 일이다. 애국심의 논리는 일부러 눈을 감고 세상의 비탄을 보지 말자는 논리일 뿐이다. 한국사회에 필요한 것은 애국심이 아니라 문명사회에 요구되는 도덕성과 민주주의의 기본가치인 사회적 공공성에 대한 존중이다. 나의 생명만이 아니라 타인의 생명도 소중하다는 인식, 내가 고통스러우면 타인도 마찬가지로 고통스러울 것이라는 최소한의 공감능력, 경제적 실익보다 정치적 올바름을 우선시하는 정신, 이와 같은 기본소양을 도외시한 채 적대감만 가득한 '자유'의 이데올로기를 내세워온 국가는 결국 평범한 국민들을, 전장의 병사들을 타락시켰다. 우리는 국가로부터 눈을 감는 법을 배웠다.

그렇다면 베트남에서 폭력을 행사해야 했던 대한민국 파병군들에게 과연 죄를 물어야 마땅한가? 그들은 국가의 도구에 불과했으므로 책임도 없다고 말해야 할까? 그렇게 말하기는 힘들다. 왜냐하면 국가에 의해 타락한 것이라 해도 어차피 그것은 개개인의 자기결정이기 때문이다. 어떠한 맥락에서든 타인에게 폭력을 가한 죄상은 반드시 구체적으로 밝혀져야 한다. 베트남전쟁 중의 민간인학살에 대해서도 반드시 진상을 규명하고 응분의 죄를 물어야 한다. 그것은 참전군인들이 자신의 정체성을 더 든든한 반석 위에 세우기 위해 반드시 치러내야 할 통과의례다. 자신을 이용하기만 했던 국가에 감히 맞서지 못했던 그들은 늘 애꿎은 사람들에게 분풀이해왔다.『머나먼 쏭바강』의 주인공 황일천 병장은 지루한 매복 근무에 짜증을 내며 중얼거린다. "월남인들이란 뻔뻔스럽고 태평하며 한편 퇴폐적인 족속들이다."

참전용사들에게 죄를 묻는 것보다 훨씬 더 어려운 일은 그들 스스로 참회할 수 있는 여건을 조성하는 일이다. 그것은 어려운 만큼이나 가치 있는 일이다. 어제의 용사들에게 오래도록 자기변명의 구실을 제공했던 반공주의에서 벗어나 당신들의 과거를 스스로에게 납득시킬 수 있는 새로운 논리를 제공하는 일은 우리사회의 당면한 과제이다. 그들은 어차피 우리의 아버지요 친척이고 이웃이다. 그러니까 대충 봐주자는 얘기가 아니다. 가상적인 평화주의로 도피해 지고한 위치에 서서 죄를 논하기는 쉽지만, 사실 그들은 회피하지 말아야 할 우리사회의 자화상이다. 국가에 의해 타락해버린 우리 자신의 핏기 없는 얼굴인 것이다. 도덕적 판단이 지닌 한계는 변할 수 없는 과거를 책망하면서 그 오명을 지고한 이상의 세계에서 지워버리려 한다는 데 있다. 오래전에 카를 마르크스 Karl Marx는 세상을 이념적으로 재단하지만 말고 실제로 변혁시키자고 말한 바 있는데, 우리는 현재의 맥락에서 그의 유명한 문장을 뒤집어 말해보고자 한다. 과거는 더 이상 변화될 수 없다. 그것은 새롭게 해석되어야 한다.

어제의 용사들은 새롭게 해석된 과거를 필요로 한다. 자유의 투사도, 살인마도 아닌 낯선 전장에 던져진 초라한 인간의 모습으로 스스로를 기억할 필요가 있다. 그리고 그 모습을 더 큰 역사의 그림 속에 배치할 수 있어야 한다. 파월용사들은 피해자인 동시에 가해자였다. 피해자의 측면을 강조한다고 해서 도덕적으로 면책되는 것은 아니다. 용사들이 스스로를 피해자로만 간주하는 것은 자신의 폭력성을 무용담으로 미화하는 것만큼이나 그릇된 것이다. 과거를 올바로 기억한다는 것은 결코 쉬운 일이 아니다. 그것은 진실을 회피하지 않을 용기와 세상에 만연된 편견을 넘어설 수 있는 지성, 그리고 무엇보다도 타인의 고통을 끌어안을 수 있는 인격을 필요로 한다.

서울 종로구의 주한 일본대사관을 마주보고 앉아 있는 〈평화의 소녀상〉은 아픈 과거를 기억하는 하나의 범례를 제공한다. 이 동상의 철거와 확대를 두고 심각한 외교적·사회적 갈등이 빚어졌지만 정작 소녀는 답을 주지 않는다. 걸상에 손을 꼭 쥐고 앉아 있는 맨발의 소녀는 확실히 민족적 수난을 상징한다. 그렇지만 이 작품은 통상적인 기념비처럼 예술적 풍모를 띠지 않는다. 단발머리에 순진무구하고 앳된 얼굴이지만 무표정하기 이를 데 없으며, '조각처럼 아름답다'는 상투적 표현에 맞지 않는 평범한 서민층의 용모이다. 절제되다 못해 급작스럽게 돌로 굳어버린 듯한 형상은 우리가 쉽게 공감할 수 있도록 자신을 호락호락 열지 않는다. 상생을 운운하는 손쉬운 화해의 제스처를 거부한다. 이렇게 볼 때 소녀상은 오로지 일본대사관 건너편에 그대로 놓여 있을 때만이 의미가 있다. 만약 유사한 동상을 도처에 세운다면 마치 교회의 십자가처럼 숭배의 대상이 되어 우리를 타성에 젖게 만들 것이다.

평화의 소녀상을 둘러싼 우리사회의 갈등은 애도할 능력을 상실한 한국인의 현주소를 고스란히 보여준다. 물론 소녀상을 철거하라는 일본 측의 요구는 말할 나위도 없이 괘씸한 처사이지만, 그렇다고 이에 맞서 소녀상을 만방에 세우자는 주장은 실로 지나치다. 철거와 확대는 상반된 듯 보이지만 의외로 공통분모를 지니고 있다. 그것은 과거를 독점하려는 욕망이다. 한쪽은 불편한 과거를 지워버리려는 반면, 다른 한쪽은 과거를 숭배의 대상으로 삼으려 한다. 어느 쪽이든 타인의 아픔을 자신들이 원하는 논리 안으로 편입시키려 든다. 하지만 정작 소녀는 무뚝뚝한 표정으로 앉아 있다. 역사적 사건에 대해 증언하면서도 설명을 늘어놓지 않는다. 그 대신 옆에 의자를 비워두어 우리를 낯선 과거로 초대한다. 가해자는 말할 나위도 없거니와 피해자 측이라도 역사적 진실을 독점할 권리는 없다. 그것은 망자의 몫이다. 말없이 버티고 앉아 있는 소녀상을 어떻게 대면할지는 향후 우리사회가 가해자와 피해자라는 역사적 문제를 어떻게 해결할지를 가늠할 시금석이다.

이러한 갈등은 비단 우리사회만의 문제는 아니다. 수십 년간의 분단을 극복하고 탄생한 통일 독일에서도 아픈 과거를 기억하는 문제는 늘 논란을 빚어왔다. 단적인 사례가 1993년 독일 연방공화국의 '중앙추모지'로 지정된 신위병소 Neue Wache 건물 안의 기념비이다. 이 건물은 19세기 초 프로이센왕국의 수도 베를린의 한가운데 세워진 신고전주의 양식의 건축물로, 독일 역사의 파란만장한 전개와 더불어 영고성쇠를 거듭하다가 마침내 재통일된 독일에 이르러 새로운 정치적 지위를 얻게 되었다. 새로운 독일이 결코 과거의 비극을 되풀이하지 않을 것임을 주변국에 각인시키면서도 오랜 자학적 관념으로부터 벗어날 묘책으로서 1, 2차 세계대전에서의 독일인 사상자를 기리는 국가적 추도시설을 만들게 된 것이다. 동세기에 독일인 자신이 겪었던 고통과 희생을 숨김없이 고백하자는 취지에 부합하도록 건물 내 한가운데에 캐테 콜비츠Käthe Kollwitz의 1937년 작품인 〈죽은 아들을 안은 어머니〉를 실제 인물크기로 4배 확대한 모사품을 설치했다.

미켈란젤로의 〈피에타〉를 모티프로 삼은 이 조각품은 원작자인 콜비츠가 진보적 성향인데다 실제로 전쟁에서 아들을

베를린의 신위병소 안에 설치된 캐테 콜비츠의 〈피에타〉 모작

잃은 어머니로서 인류보편적인 고통과 사랑을 형상화했다는 점에서 국가주의적 편향성으로부터 자유로워 보였지만, 그럼에도 엄청난 반대에 직면했다. 비판자들은 이 숭고한 예술작품이 국가적 기념비로 탈바꿈됨으로써 남성 전사자의 죽음이 모든 희생을 대변하게 되고 나치를 포함한 사망자까지도 은근슬쩍 희생자로 둔갑시킨다고 지적했다. 이러한 비판은 정당하다. 죽음이라 해서 어찌 다 같은 죽음일 수 있으랴. 과연 평범한 독일 시민, 여성, 독일 병사, 나치친위대, 피란민, 유대인 수형자, 그리고 유대인보다 더욱 사회적 소수자였던 집

시나 장애인, 동성애자들의 죽음을 동일한 차원에서 논할 수 있는가? 물론 가해자 민족도 스스로의 고통을 애도할 권리는 있다. 하지만 정치적 계산에 따라 과도하게 연출된 자기연민은 과거를 얼버무림으로써 오히려 애도의 정신을 욕되게 한다. 망자를 애도하더라도 때와 장소가 있는 것이다.

애도한다는 것은 가해자의 입장에서나 피해자의 입장에서나 다를 바 없이 타인의 죽음을 애절하게 기억하는 것이다. 내가 가해를 했거나, 혹은 지켜주지 못했던 타인에게 참회하는 행위다. 이때 역사의 진실은 오로지 망자의 몫이다. 산 자는 늘 자신의 기억을 재고할 뿐이다. 이러한 애도의 장에서 가해자와 피해자는 비로소 각자의 아집을 버리고 다시 만날 수 있다. 각자 겸허한 마음으로 과거를 되돌아보면 양쪽이 본래부터 원수지간은 아니었다. 서로 훨씬 좋은 관계로 만날 수 있었다.

2007년 박숙경 씨와 아시아평화인권연대 활동가들이 장학사업 지역선정을 위해 처음으로 프억호아사를 방문했을 때 그곳 인민위원회의 문화사회부 당후둑 주석이 자신도 학살의 생존자라고 말하며 불쑥 상처를 보여주었다. 왼발에 엄지발가락만 있고 나머지 발가락이 없었다. 학살 당시 그는 11세였다고 했다. 그런데 이 생존자는 조금 특이한 얘기를 들려주었다. 그곳에 주둔했던 남조선 군인들이 "참 착했다"는 것이다.

프억흥사 뇨럼 위령비 옆 수풀 속의 증오비(박일성 제공)

그들은 마을에 모여서 산 쪽으로 훈련 갔다가 돌아오곤 했는
데, 학살이 일어난 1965년 12월 22일에 베트남 측 유격대가
매복해서 남조선 군인 두 명을 사살했다. 이에 남조선 군대가
보복하기 위해 집집마다 수색해서 사람들을 죽이기 시작했
지만, 이때도 장례식이 치러지던 집은 건드리지 않았다. 또한
학살 후에 금방 후회하여 부상자들을 병원으로 후송해주고,
방공호에서 시체를 발굴한 후에는 땅에 묻어주었다고 했다.
당시 둑 주석의 집에서는 가족들이 숨어 있다 발각되어 모두
죽고 오직 그만이 부상을 입은 채로 달아났는데, 군인들이 헬

뇨럼 위령비 앞에서 과거를 증언하는 쩐반바이 씨(박일성 제공)

리콥터에 태워 병원으로 데려다주었다고 했다. 적대적인 관계의 한가운데에서도 인간들 간의 대면은 여전히 작은 씨앗을 뿌렸던 것이다.

그로부터 10년이 지난 2017년 10월 9일에 숙경 씨와 아시아평화인권연대 활동가들은 새로운 지원사업의 대상지인 프억흥사를 방문한 참에 현지 인민위원회의 도움으로 뇨럼Nho Lâm 학살 위령비에 잠시 들를 수 있었다. 1966년 3월 23일 새벽에 여기저기서 총소리와 대포소리가 들리자 134명의 농민들이 이곳의 큰 논으로 대피했는데 오후 2시경에 한국군이 이곳까지 쫓아와서 여성과 남성을 나누어 학살했다고 한다. 당국에서 세운 잘 갖추어진 위령비 옆 한적한 수풀 위에 작은 증오비 하나가 서 있다. 이 무뚝뚝한 비석은 아무런 가식도 없이 그저 그날을 증언하고 있다. 2018년 초에 이곳을 재차 방문했을 때 우연히 옛 학살의 생존자와 마주치게 되었다. 일곱 살 때 한국군에 의해 끌려가 무릎과 사지에 총탄을 맞은 쩐반바이Tran Van Bay 씨는 시체 더미 속에 몸을 숨겨 간신히 살아남았다고 한다. 9명의 형제자매 중 본인이 유일한 생존자라고 했다. 그는 의외로 밝은 표정으로 방문단을 대하며 외손자가 인근 푸억홍 중학교에 다닌다고 말했다. 마침 방문단이 그 학교를 방문하고 오던 길이었다. 수풀 위의 무뚝뚝한 증오비를 바라보는 우리 마음에도 어느덧 작은 씨앗이 움트고 있음을 느꼈다.

언젠가 망자들 간의 화해를 주선할 날이 올지도 모른다. 이승에서는 이룰 수 없었던 화해를 저승에서나마 이룰 수 있도록, 이승의 원한과 업보를 훌훌 털 수 있도록 산 자들이 나서서 진심 어린 참회와 애도를 거듭해야 하지 않겠는가. 이광희가 편집한 『실록 청룡부대』에는 청룡 제3대대 10중대 1소대 소속 박관일 하사의 단편 시 「무제無題」가 실려 있다. 이 시는 그 제목처럼 아무런 거창한 의미도, 사후의 영광도 말하지 않는다. 비통한 죽음을 그저 애도할 뿐이다. 망자의 시간은

더 이상 흘러가지 않고 산 자의 뇌리를 떠돈다. 결코 잊지 않
겠다고 약속함으로써 여태껏 이승을 떠나지 못한 지친 넋들
을 고이 보내주어야 할 때이다.

6시 20분의 영혼이여!
저녁의 하늘에 몰래 간직한
비운의 넋들아!

구비친 고동도
6시 20분의 영혼이여!

솟아오르는 붉은 청룡의 피
높고 멀리 월남의
하늘 아래 불러다오

웃음 짓던 너희들의 모습
흘러버린 눈망울 속에
영혼은 살아 있다.

비운의 넋들아
비운의 넋들아

간다고 소리치던 너희들도
어느 구름 타고
남겨둔 나를 두고 손짓하련가
가거라 영혼아
고이 잠자라

| 감사의 글 |

　　이 책은 부산에 거점을 둔 인권단체인 아시아평화인권
연대의 베트남 장학사업, 일명 '베트남 청소년들에게 꿈날개
를' 사업의 일환으로 집필되었다. 베트남에서 전사한 고 박
순유 중령 가족의 제안에 따라 고인의 한이 깃든 빈딘성에서
2007년에 시작된 이 장학사업은 해를 거듭할수록 베트남 사
람들과 한국 파병군 간에 벌어진 불행한 과거에 대해 되묻게
만들었다. 단지 과거의 진상만이 아니라 그것의 역사적 의미
에 대한 해명이 절실해졌다. 베트남전은 베트남사회나 한국
사회 모두에 깊은 상흔과 더불어 장기적 숙제를 남겼다. 국
가와 개인, 애국심과 인류애, 폭력과 자유, 그리고 인간의 해
방과 평화 등 근본적인 문제들을 덮어두고는 서로 크나큰 상
처를 입힌 사람들 간의 화해와 협력이란 어불성설이다. 장학
사업을 진행해가면서 '당사자' 스스로의 성찰과 개입이 중요
함을 절감하게 되었다. 국가 간의 친선교류도 중요하지만 전
장에서 직접 악연을 맺었던 가해자와 피해자, 그리고 그 가족

들이 그들 모두를 사로잡았던 역사의 광풍에 대해 대화의 문을 여는 것이 훨씬 더 중요하다. 국가가 일방적으로 주입하는 기억을 과감히 넘어 자신의 진실을 되찾고, 더 나아가 극심한 아픔을 겪은 상대방의 처지에 대해 공감하게 될 때야 비로소 사과와 용서, 그리고 화해와 상생이 기대될 수 있다.

이 책은 파월장병과 그 가족들이 베트남전 참전의 의미에 대한 평소의 생각을 재고해볼 것을 권유하는 취지로 집필되었다. 피땀을 바쳐 조국을 지켜냈다는 자랑스러운 기억에서 잠시만이라도 벗어나 전혀 다른 관점에서 펼쳐내는 이야기를 인내심을 갖고 경청해주시길 바란다. 어두운 과거를 조명하는 이 책이 아무쪼록 그분들께 모욕감을 일으키지 않고 평소의 생각을 곱씹어보는 계기를 제공함으로써 좀 더 넓은 사회적 대화의 장에 나오실 수 있기를 기대한다. 평생 누구에게도 말하지 못하고 홀로 가슴 깊숙이 묻어두었던 아픔을 이제는 조금이라도 털어내셔야 하지 않겠는가. 가해와 피해의 당사자들이 스스로 나서지 않는 한 과거사의 얽힌 실타래는 결코 풀릴 수 없다. 외부로부터 강요된 반성은 그저 굴욕일 뿐이다.

이 책이 세상에 나오기까지 여러 분들의 직간접적인 도움을 받았다. 먼저 흔쾌히 인터뷰에 응해주신 참전용사들께 진심 어린 감사의 말씀을 드린다. 지일호, 노주원, 정영민, 이

상우, 송정기 어르신께서는 베트남전에 대해 제한된 지식만을 지닌 저자에게 전장의 실상과 더불어 파란만장한 삶의 궤적을 알려주셨다. 이분들의 소중한 이야기가 책의 골간을 이루고 있다. 이 책은 면담조사를 가급적 줄이는 대신 이미 상당히 축적되어 있는 파월용사들의 구술기록을 활용했다. 특히 국방부 군사편찬연구소가 발간한 총3권의 『증언을 통해 본 베트남 전쟁과 한국군』(2001~2003)은 각 권이 1000쪽에 달하는 방대한 분량의 증언록으로, 파월장병들의 생생한 목소리를 전해주었다. 본서는 이 증언록에 크게 빚지고 있다. 국방부 관계자들께 경의를 표한다.

이 책의 주인공인 박숙경 (사)에코언니야 대표님께 뼈아픈 가족사를 상세히 전해주신 것에 깊이 감사드린다. 박숙경 대표님은 이 책의 공저자라해도 손색이 없을 정도로 완성본의 글들을 작성하여 보내주었다. 그리고 참전용사와의 만남을 주선해주신 박난희, 정용숙 선생님, 또한 소중한 자료들을 소개 및 기록·정리해주신 박광주, 황이라, 정정수, 김나현, 이정임 선생님, 이 책에 실릴 사진을 제공해주신 이재갑 작가님을 포함하여 노주원, 정영민, 이광수, 남원철, 박숙경, 박일성 선생님께 심심한 사의를 표한다. 그리고 이 책을 완성할 수 있도록 처음부터 끝까지 격려를 아끼지 않으신 정귀순 아시아평화인권연대 대표님께 특별한 감사의 마음을 전하고 싶다.

'베트남 청소년에게 꿈날개를' 장학사업은 역사학자를 포함한 여러 분야 선생님들의 후원을 받아왔다. '역사화해'를 위한 사업이라는 불친절한 홍보에도 여러분들이 선뜻 응해주셨다. 이 자리를 빌려 그동안의 지속적인 관심과 후원에 감사의 뜻을 전하고자 한다. 강진영, 강상윤, 구명복, 권의신, 김경미, 김경아, 김미정, 김영민, 김영수, 김용규, 김용보, 김윤태, 김정원, 김종대, 김준형, 류영태, 박강, 박부임, 박원용, 박지현, 박태성, 박희봉, 백영제, 백한주, 서광훈, 서동현, 서채령, 서혜영, 손현숙, 신명훈, 오승은, 오정진, 오형진, 우상선, 유정스님, 윤성근, 이경미, 이광무, 이승남, 이숙견, 이영주, 이용일, 이은주, 임길엽, 임병철, 임상래, 임영석, 장석규, 정소연, 조경희, 조승래, 조행임, 표필중, 한홍구, 허영란, 황대현 선생님, 그리고 부산지하철노동조합 조합원 일동과 한국정신대문제대책협의회 관계자분들께 진심으로 감사드린다.

끝으로 이 책을 발간해주신 책세상 김현태 대표님과 강연옥 팀장님에게 심심한 사의를 표하고자 한다. 신속하고도 철두철미한 편집 덕분에 이 책이 원하던 시점에 나오게 된 것을 대단히 기쁘고 고맙게 생각한다. 아무쪼록 이 책이 우리사회의 한구석에 작은 울림이나마 줄 수 있기를 희망한다.

2018년 4월 전진성

국내문헌

강유인화, 「한국사회의 베트남전쟁 기억과 참전군인의 기억투쟁」, 『사회 와 역사』, 제97집(2013), 105~133쪽

고경태, 『1968년 2월 12일: 베트남 퐁니·퐁넛 학살 그리고 세계』(한겨레출 판, 2015)

곽태양, 「한국의 베트남전쟁 참전 재평가」, 『역사비평』, 통권107호(2014), 202~232쪽

구수정, 「'떤장' 마을 가는 길: 베트남에서 온 편지」, 『당대비평』, 제12집 (1999), 173~188쪽

국방부 군사편찬연구소, 『증언을 통해 본 베트남 전쟁과 한국군 1~ 3권』(2001~2003)

권헌익, 『또 하나의 냉전: 인류학으로 본 냉전의 역사』(민음사, 2013)

권헌익, 『베트남전쟁의 유령들』(산지니, 2016)

권터 그라스, 『게걸음으로』, 장희창 옮김(민음사, 2015)

권터 그라스, 『양파 껍질을 벗기며』, 장희창·안장혁 옮김(민음사, 2015)

김광휘, 『귀인Quy Nhon』(나비꿈, 2014)

김귀옥 외, 『동아시아의 전쟁과 사회』(한울, 2009)

김영두, 『안케패스 대혈전』(예사랑, 2011)

김종욱, 「베트남 전쟁 중 한국군 청룡여단의 괴룡1호 작전에 관한 연구: 풍넛-퐁니 양민학살사건을 중심으로」, 『인문사회21』, 제8권 제1호 (2017), 957~978쪽

김종필, 『김종필 증언록 1』(와이즈베리, 2016)

김현경, 『사람, 장소, 환대』(문학과지성사, 2015)

김현아, 『전쟁의 기억, 기억의 전쟁』(책갈피, 2002)

리영희, 『베트남전쟁: 30년 베트남전쟁의 전개와 종결』(두레, 1985)

마이클 매클리어, 『베트남: 10,000일의 전쟁』, 유경찬 옮김(을유문화사, 2002)

바오닌, 『전쟁의 슬픔』, 하재홍 옮김(아시아, 2012)

박영한, 『머나먼 쏭바강』(1977); 『머나먼 쏭바강 1: 쏭바강의 노래』(이가서, 2004)

박영한, 『사이공 아름다워라』(1980), 『머나먼 쏭바강 2: 사이공 아름다워라』(이가서, 2004)

박태균, 『베트남전쟁: 잊혀진 전쟁, 반쪽의 기억』(한겨레출판, 2015)

베른트 슈퇴버, 『냉전이란 무엇인가: 극단의 시대 1945~1991』, 최승완 옮김(역사비평사, 2008)

안정효, 『하얀 전쟁』(세경, 2014)

유선영, 『식민지 트라우마: 한국 사회 집단 불안의 기원을 찾아서』(푸른역사, 2017)

유시민, 『국가란 무엇인가』(돌베개, 2017)

윤충로, 『베트남전쟁의 한국 사회사: 잊힌 전쟁, 오래된 현재』(푸른역사, 2015)

이광희 편저, 『실록 청룡부대』(서음출판사, 2001)

이규봉, 『미안해요! 베트남: 한국군의 베트남 민간인학살의 현장을 가

다』(푸른역사, 2016)

이청준, 「가해자의 얼굴」(1992), 『가해자의 얼굴』(중원사, 1992)

이청준, 「숨은 손가락」(1985), 『숨은 손가락』(열림원, 2001)

지크문트 프로이트, 『늑대인간』, 김명희 옮김(열린책들, 2004)

지크문트 프로이트, 『인간 모세와 유일신교』, 이은자 옮김(부북스, 2016)

채명신, 『베트남전쟁과 나』(팔복원, 2014)

최용호, 『통계로 본 베트남전쟁과 한국군』(국방부 군사편찬연구소, 2007)

최정기, 「한국군의 베트남전 참전, 어떻게 기억되고 있는가? 공식적인 기억과 대항기억의 차이를 중심으로」(2009), 『민주주의와 인권』, 제9권 제1호, 65~92쪽

표도르 미하일로비치 도스또예프스끼, 『죄와 벌』 상·하, 홍대화 옮김(열린책들, 2000)

필립 아리에스, 『죽음의 역사』, 이종민 옮김(동문선, 2002)

한홍구, 「베트남 파병과 병영국가의 길」, 이병천 엮음, 『개발독재와 박정희 시대』(창비, 2003), 287~310쪽

황석영, 『무기의 그늘』 상·하(창비, 2006)

후루타 모토오 지음, 『역사 속의 베트남 전쟁』, 박홍영 옮김(일조각, 2007)

Pham Dieu Ngoc, 『베트남전쟁과 관련된 한국단체들의 활동과 베트남의 반응』, 성공회대학교 NGO 대학원 석사학위논문(2006)

Pham Quang Minh, 「베트남 입장에서 본 베트남전쟁의 공통점과 차이」, 『베트남연구』, 제12권(2012), 24~35쪽

해외자료

Amstrong, Charles K., "Doubly Forgotten: Korea's Vietnam War and the Revival of Memory," Sheila Miyoshi Jager and Rana Mitter(eds.)

Ruptured Histories: War, Memory, and the Post-Cold War in Asia (Harvard University Press, 2007), pp. 291~306

Antze, Paul and Michael Lambek(eds.), *Tense Past: Cultural Essays in Trauma and Memory*(New York: Routledge, 1996)

Assmann, Aleida, *Der lange Schatten der Vergangenheit: Erinnerungs-kultur und Geschichtspolitik*(München: C. H. Beck, 2006)

Duong Thu Huong, *Novel Without a Name*(Penguin Books, 1995)

Jankélévitch, Vladimir, *Das Verzeihen*(Frankfurt a. M.: Suhrkamp, 2003)

Jaspers, Karl, "Vier Schuldbegriffe", *Die Schuldfrage*(Heidelberg: Lambert Schneider, 1946), pp. 31~34

Jünger, Ernst, *Das abenteuerliche Herz: Aufzeichnungen bei Tag und Nacht*(1929)(Stuttgart: Klett-Cotta, 1979)

Jünger, Ernst, *Der Arbeiter*(1932)(Stuttgart: Klett-Cotta, 1982)

Tai, Hue-Tam Ho(ed.), *The Country of Memory: Remaking the Past in Late Socialist Vietnam*(Berkeley: University of California Press, 2001)

신문기사 및 방송

"끝없이 벗겨지는 '제2의 밀라이'", 「한겨레21」, 제334호, 2000년 11월 15일자

"라이따이한 3세—어려운 유공자 후손 보듬는 월남참전전우회, 김진태 사무총장", 「헤럴드경제」, 2014년 11월 25일자

"'베트남 피에타' 동상 제막에 부쳐", 「한겨레」, 2017년 4월 24일자

"'베트남 학살' 대한민국, 피고석에 앉을까", 「한겨레」, 2016년 10월 25일자

"베트남, 한국군 파병 50주년 행사 자제 요청", 「세계일보」, 2014년 1월 10일자

"49년 된 '베트남 귀신 쌔'가 대한민국에 말을 건다", 「한겨레」, 2017년 4월

7일자

"소녀상 친구, 베트남 피에타", 「한겨레」, 2016년 1월 17일자

"안전지침 없이 맨손으로 모뉴론 뿌리고 그 계곡물 마셔", 「한겨레」, 2016년 8월 16일자

"여기 한 충격적인 보고서가 있다—미국이 기록한 한국군의 베트남 학살 보고서 발견", 「오마이뉴스」, 2000년 11월 14일자

"전쟁 1부, 두 개의 기억", 「뉴스타파」, 2016년 5월 20일자

"퐁니·퐁넛 시민법정 국가배상·특별법 제정으로", 「한겨레」, 2017년 4월 7일자

"한국군 베트남 민간인 학살 50주년 위령제, 한국인 사죄의 첫걸음", 「한겨레」, 2016년 3월 5일자

"헐값의 총알받이 용병, JP가 말하지 않은 베트남전", 「미디어오늘」, 2016년 2월 1일자

"The 'forgotten' My Lai: South Korea's Vietnam War Massacres", CNN, February 24, 2018

영화

〈빨간 마후라〉, 신상옥 감독(1964)

〈알포인트〉, 공수창 감독(2004)

〈지옥의 묵시록〉, 프랜시스 포드 코폴라 감독(1979)

〈풀 메탈 재킷〉, 스탠리 큐브릭 감독(1987)

〈하얀전쟁〉, 정지영 감독(1992)

사진 제공

남원철, 노주원, 박숙경, 박일성, 이광수, 이재갑, 정귀순, 정영민

빈딘성으로 가는 길

베트남전 참전용사들의 기억과 약속을 찾아서

펴낸날 초판 1쇄 2018년 4월 20일
초판 3쇄 2019년 8월 20일

지은이 전진성
펴낸이 김현태
펴낸곳 책세상

주소 서울시 마포구 잔다리로 62-1, 3층(04031)
전화 02-704-1251(영업부), 02-3273-1333(편집부)
팩스 02-719-1258
이메일 bkworld11@gmail.com
광고제휴 문의 bkworldpub@naver.com

홈페이지 chaeksesang.com **페이스북** /chaeksesang
트위터 @chaeksesang **인스타그램** @chaeksesang **네이버포스트** bkworldpub

등록 1975. 5. 21. 제1-517호

ISBN 979-11-5931-226-7 03900

* 이 책은 2017년도 부산교육대학교 교내 연구과제로 지원을 받아 수행된 연구임.

* 잘못되거나 파손된 책은 구입하신 서점에서 교환해드립니다.
* 책값은 뒤표지에 있습니다.

이 도서의 국립중앙도서관 출판시도서목록(CIP)은 서지정보유통지원시스템 홈페이지
(http://seoji.nl.go.kr)와 국가자료공동목록시스템(http://www.nl.go.kr/kolisnet)에서
이용하실 수 있습니다.(CIP제어번호 : CIP2018009007)